同济博士论丛
TONGJI Dissertation Series
总主编 伍 江 副总主编 雷星晖

许德胜 肖汝诚 著

非协调板壳元理论研究及在桥梁分析中的应用

Incompatible Shell Element and Its Application In Bridge Analysis

同济大学出版社
TONGJI UNIVERSITY PRESS

内容提要

本书共8章，主要针对桥梁结构精细化分析的计算精度和求解效率，对桥梁结构分析理论中的数值方法做了研究，并用于实桥的结构分析。具体内容包括绪论、非协调实体退化板单元、非协调实体板单元、非协调壳单元、基于非协调壳元的组合单元、混凝土桥梁徐变分析、桥梁动力特性分析实例以及对未来的展望等。

本书适合土木工程、桥梁与隧道及相关专业的专业人士作为参考资料，也可供对此有兴趣的人士参考。

图书在版编目(CIP)数据

非协调板壳元理论研究及在桥梁分析中的应用 / 许德胜，肖汝诚著. —上海：同济大学出版社，2017.8

(同济博士论丛 / 伍江总主编)

ISBN 978-7-5608-6827-1

Ⅰ. ①非… Ⅱ. ①许…②肖… Ⅲ. ①桥梁结构—结构分析—数值方法—研究 Ⅳ. ①U443

中国版本图书馆CIP数据核字(2017)第059449号

非协调板壳元理论研究及在桥梁分析中的应用

许德胜　肖汝诚　著

出 品 人　华春荣　　责任编辑　胡晗欣

责任校对　徐春莲　　封面设计　陈益平

出版发行　同济大学出版社　　www.tongjipress.com.cn

(地址：上海市四平路1239号　邮编：200092　电话：021-65985622)

经　　销　全国各地新华书店

排版制作　南京展望文化发展有限公司

印　　刷　浙江广育爱多印务有限公司

开　　本　787 mm×1092 mm　1/16

印　　张　10.75

字　　数　215 000

版　　次　2017年8月第1版　　2017年8月第1次印刷

书　　号　ISBN 978-7-5608-6827-1

定　　价　53.00元

“同济博士论丛”编写领导小组

“同济博士论丛”编辑委员会

总 序

在同济大学110周年华诞之际，喜闻“同济博士论丛”将正式出版发行，倍感欣慰。记得在100周年校庆时，我曾以《百年同济，大学对社会的承诺》为题作了演讲，如今看到付梓的“同济博士论丛”，我想这就是大学对社会承诺的一种体现。这110部学术著作不仅包含了同济大学近10年100多位优秀博士研究生的学术科研成果，也展现了同济大学围绕国家战略开展学科建设、发展自我特色，向建设世界一流大学的目标迈出的坚实步伐。

坐落于东海之滨的同济大学，历经110年历史风云，承古续今、汇聚东西，秉持“与祖国同行、以科教济世”的理念，发扬自强不息、追求卓越的精神，在复兴中华的征程中同舟共济、砥砺前行，谱写了一幅幅辉煌壮美的篇章。创校至今，同济大学培养了数十万工作在祖国各条战线上的人才，包括人们常提到的贝时璋、李国豪、裘法祖、吴孟超等一批著名教授。正是这些专家学者培养了一代又一代的博士研究生，薪火相传，将同济大学的科学研究和学科建设一步步推向高峰。

大学有其社会责任，她的社会责任就是融入国家的创新体系之中，成为国家创新战略的实践者。党的十八大以来，以习近平同志为核心的党中央高度重视科技创新，对实施创新驱动发展战略作出一系列重大决策部署。党的十八届五中全会把创新发展作为五大发展理念之首，强调创新是引领发展的第一动力，要求充分发挥科技创新在全面创新中的引领作用。要把创新驱动发展作为国家的优先战略，以科技创新为核心带动全面创新，以体制机制改革激发创新活力，以高效率的创新体系支撑高水平的创新型国家建设。作为人才培养和科技创新的重要平台，大学是国家创新体系的重要组成部分。同济大学理当围绕国家战略目标的实现，作出更大的贡献。

大学的根本任务是培养人才，同济大学走出了一条特色鲜明的道路。无论是本科教育、研究生教育，还是这些年摸索总结出的导师制、人才培养特区，“卓越人才培养”的做法取得了很好的成绩。聚焦创新驱动转型发展战略，同济大学推进科研管理体系改革和重大科研基地平台建设。以贯穿人才培养全过程的一流创新创业教育助力创新驱动发展战略，实现创新创业教育的全覆盖，培养具有一流创新力、组织力和行动力的卓越人才。“同济博士论丛”的出版不仅是对同济大学人才培养成果的集中展示，更将进一步推动同济大学围绕国家战略开展学科建设、发展自我特色、明确大学定位、培养创新人才。

面对新形势、新任务、新挑战，我们必须增强忧患意识，扎根中国大地，朝着建设世界一流大学的目标，深化改革，勠力前行！

万　钢

2017 年 5 月

论丛前言

承古续今，汇聚东西，百年同济秉持“与祖国同行、以科教济世”的理念，注重人才培养、科学研究、社会服务、文化传承创新和国际合作交流，自强不息，追求卓越。特别是近20年来，同济大学坚持把论文写在祖国的大地上，各学科都培养了一大批博士优秀人才，发表了数以千计的学术研究论文。这些论文不但反映了同济大学培养人才能力和学术研究的水平，而且也促进了学科的发展和国家的建设。多年来，我一直希望能有机会将我们同济大学的优秀博士论文集中整理，分类出版，让更多的读者获得分享。值此同济大学110周年校庆之际，在学校的支持下，“同济博士论丛”得以顺利出版。

“同济博士论丛”的出版组织工作启动于2016年9月，计划在同济大学110周年校庆之际出版110部同济大学的优秀博士论文。我们在数千篇博士论文中，聚焦于2005—2016年十多年间的优秀博士学位论文430余篇，经各院系征询，导师和博士积极响应并同意，遴选出近170篇，涵盖了同济的大部分学科：土木工程、城乡规划学(含建筑、风景园林)、海洋科学、交通运输工程、车辆工程、环境科学与工程、数学、材料工程、测绘科学与工程、机械工程、计算机科学与技术、医学、工程管理、哲学等。作为“同济博士论丛”出版工程的开端，在校庆之际首批集中出版110余部，其余也将陆续出版。

博士学位论文是反映博士研究生培养质量的重要方面。同济大学一直将立德树人作为根本任务，把培养高素质人才摆在首位，认真探索全面提高博士研究生质量的有效途径和机制。因此，“同济博士论丛”的出版集中展示同济大学博士研究生培养与科研成果，体现对同济大学学术文化的传承。

“同济博士论丛”作为重要的科研文献资源，系统、全面、具体地反映了同济大学各学科专业前沿领域的科研成果和发展状况。它的出版是扩大传播同济科研成果和学术影响力的重要途径。博士论文的研究对象中不少是“国家自然科学基金”等科研基金资助的项目，具有明确的创新性和学术性，具有极高的学术价值，对我国的经济、文化、社会发展具有一定的理论和实践指导意义。

“同济博士论丛”的出版，将会调动同济广大科研人员的积极性，促进多学科学术交流、加速人才的发掘和人才的成长，有助于提高同济在国内外的竞争力，为实现同济大学扎根中国大地，建设世界一流大学的目标愿景做好基础性工作。

虽然同济已经发展成为一所特色鲜明、具有国际影响力的综合性、研究型大学，但与世界一流大学之间仍然存在着一定差距。“同济博士论丛”所反映的学术水平需要不断提高，同时在很短的时间内编辑出版 110 余部著作，必然存在一些不足之处，恳请广大学者，特别是有关专家提出批评，为提高同济人才培养质量和同济的学科建设提供宝贵意见。

最后感谢研究生院、出版社以及各院系的协作与支持。希望“同济博士论丛”能持续出版，并借助新媒体以电子书、知识库等多种方式呈现，以期成为展现同济学术成果、服务社会的一个可持续的出版品牌。为继续扎根中国大地，培育卓越英才，建设世界一流大学服务。

伍　江

2017 年 5 月

前 言

现代桥梁结构形式日趋复杂，简化分析方法已不能完全满足桥梁结构分析的要求，有必要对全桥结构进行精细分析。本文针对桥梁结构精细化分析的计算精度和求解效率，对桥梁结构分析理论中的数值方法做了研究，并用于实桥的结构分析。

在八节点三维实体等参元基础上，将板理论基本假定引入弹性应力应变矩阵，并为局部坐标系下的挠度位移分量附加非协调位移，构造了非协调实体退化板单元。采用分域积分方法使单元可考虑普通钢筋的加强作用。单元厚薄通用，可用于正交异性钢桥面铺装层分析。

通过对板的法向位移沿板厚方向的二次插值，构造了采用完全三维本构关系，可考虑结构三维应力状态的实体板元，单元可用于混凝土箱梁各构件的法向应力分析。为确保不规则单元通过分片检验，推导了显式表达的高阶非协调位移模式修正项。并且，通过为板元面内位移分量附加非协调位移，构造了适合箱形复杂截面桥梁分析的非协调壳元，使箱梁桥结构分析更加简单、高效。

为提高计算效率，基于非协调板壳元构造了可以大规模缩减计算量的组合单元。通过为组合单元各子域分别附加前文壳元的非协调位移模式反映单元内各构件的变形，并在子域内确保组合单元通过分片检验。组合单元允许一个单元内含有不同的材料和构件，对钢-混凝土组合结构桥梁分析十分有效。

基于广义 Maxwell 黏弹性模型，对混凝土桥梁长期荷载作用下的徐变效应进行研究，并采用引入广义 Maxwell 黏弹性模型的组合单元研究了钢-混凝土组合截面桥梁的长期受力性能。

最后，将组合单元用于杭州文晖斜拉桥的动力特性分析，并与脉动试验结果进行了比较。

目 录

第1章 绪论

1.1 概述

20 世纪 80 年代以来，我国已建成了多座具有世界影响力的大跨度桥梁。随着交通量的增加和对桥梁美学等因素的重视，宽幅桥梁、曲线桥梁和异型桥梁等复杂结构层出不穷。桥梁跨度的显著提高以及新型结构形式的不断涌现对工程技术人员的分析水平提出了更高要求，传统简化分析方法已不能完全满足现代桥梁结构设计的要求，必须借助模型试验或精细化数值模型来获得桥梁结构的准确受力性能。近 20 多年来，随着计算机技术的进步，桥梁结构分析已经历了从线性计算到非线性计算，从静力计算到动力计算，从平面计算到空间计算，从局部模型计算到全桥模型计算的过渡。相较模型试验而言，数值分析方法以其低廉的成本和便于实现性在现代桥梁结构设计中引起越来越多的关注。

目前，有限单元法已成为土木工程领域中最通用、最有效的数值分析方法。利用有限元法分析桥梁结构有多种离散模型，常用的有空间梁单元法、板壳元法、三维实体元法和梁格法[1]。

空间梁单元法采用一维空间梁单元对桥梁结构进行离散。空间梁单元假定横截面尺寸与桥梁跨度相比较小，可将实际结构视为作用在剪切中心上的弹性梁；变形后梁截面周边形状不变，符合刚性截面假定；空间梁单元法能给出计算截面的内力分布，可直接用于桥梁结构设计。由空间梁单元的基本假定可知：宽梁桥不符合空间梁单元的基本假定，空间梁单元法很难得到横梁等构件的准确内力分布。

箱形截面的钢筋混凝土桥梁可采用板壳单元进行离散，当板壳单元相当细密时可模拟桥梁结构的各种受力行为，是桥梁上部结构分析较为常用的方法之一。然而，文献[1]指出：采用板壳元模拟顶、底板受力性能误差不大；但考虑到横梁尺寸往往比顶、底板大得多，用板壳元模拟并不合适。此外，经典板壳单元往往基于中面构造，网格剖分仅在结构中面进行，在与实体单元连接、厚/薄板元的适用性选择、计算效率和计算精度等方面仍存在许多不足[2]。

梁格法是分析桥梁结构比较实用的空间分析方法，因此在桥梁结构分析中得到了广泛应用[3]。通过分析梁格的受力可以得到实桥的受力状态，适用于梁式、梁板式桥梁的结构分析。但由于梁格法引入了许多假定，分析精度不尽如人意[4]。

桥梁结构设计常需要考虑受力复杂部位的空间应力状态。对受力复杂的局部构造，往往从整体结构中取出隔离体，将整体分析得到的隔离体截面内力和位移边界条件作为隔离体的边界条件，采用空间实体元分析。通常，隔离体大小、内力和位移边界条件等因素对分析结果影响较大。

从理论角度来说，目前已经可以建立整桥的精细化分析模型，准确掌握桥梁的静、动力特性，从而确保结构安全。然而，考虑到桥梁结构的复杂性、计算机容量和速度的限制，整桥精细化分析成本过高，难度相当大。因此，现阶段桥梁结构分析仍主要依靠杆系理论的分析成果，精细化三维分析仅局限于桥梁的局部构件。

综上所述，现有数值分析方法已能考虑桥梁结构的许多本质问题，使桥梁结构分析水平有了较大提高。然而，仍不能满足复杂桥梁结构的分析要求，还存在以下一些问题亟待解决：

（1）在桥梁计算模型中，代表构件的线单元之间的节点连接仅能从构件本身刚度来考虑连接的约束程度，无法考虑节点的真实构成；另外，点连接还将导致构件在宽度和高度方向的几何量产生误差，很难考虑节点板、隔板位置和空洞等的影响，尤其是节点板和拼接板对节点刚度的增强作用[5-6]。此外，基于梁格理论的平面杆系和空间杆系分析方法，难以准确考虑桥梁结构的横向联系。

（2）杆系分析方法得到的构件内力和应力结果不能反映具有空间尺度构件的真实受力状态，而设计上往往不重视构件空间受力效应，将超大型构件作为杆件对待，出现全断面平均应力和整体内力满足规范要求但局部不满足强度要求的现象。以单箱多室箱梁为例，平面分析只能得到构件的整体内力和各腹板的平均应力。实际上，由于空间荷载效应，各腹板的内力截然不同。同时，剪力滞效应使其应力分布复杂化，造成计算得到的应力分布与实际情况不符。采用这样的分析结果进行结构强度设计可能造成结构的部分区域安全度过大，而另一部分区域安全度不足。

（3）随着桥梁结构形式的多样化，局部构造也趋于复杂。设计中只能通过局部空间应力分析来验证结构的安全性；对于一些复杂结构，常出现应力盲区，设计只能采取保守的安全系数法来解决，致使构件庞大，不符合桥梁美学要求。此外，即使对局部构造进行空间应力分析也常常因为难以准确获得局部结构模型的边界条件，使得计算结果失真。

（4）由于泊松比效应和空间效应的影响，横向和纵向的受力相互耦合，构件处于空间应力状态，而杆系分析方法不能反映其空间应力状态，这是杆系方法不可避免的缺陷。

（5）桥梁构件不仅在纵横向受力，而且还存在竖向应力。预应力薄壁结构（如箱梁顶板、底板）由于泊松效应、预应力径向力和自重作用，会在壁厚方向（竖向）产生拉应力，若无相应的钢筋布置（如钩子筋等），则薄壁结构可能产生分层破坏，这是许多预应力箱梁桥在预应力张拉过程中出现崩裂的主要原因之一[7]。由于引入了忽略法向应力的基本假定，经典板壳单元难以给出此类结构的三维应力状态。

(6) 桥梁结构特有的空间预应力分析、混凝土收缩徐变分析、构件内力和应力调值计算、施工过程仿真分析等计算内容实现较为烦琐；通用有限元程序的空间分析仍停留在校核层面，且空间分析结果与桥梁规范取值不匹配，不能直接指导结构设计。

(7) 桥梁抗风、抗震研究中，为获得与真实桥梁结构相近的动力特性，动力计算模式应着重于结构的刚度、质量和边界条件模拟，使其尽可能与实际情况相符。采用空间杆系或板壳单元进行模拟难以准确描述桥梁结构的真实质量分布和刚度特性，导致与特定桥梁振动模态对应的自振频率误差较大。

为克服传统桥梁结构分析方法的不足，有必要对桥梁分析理论中的数值方法做进一步研究，以充分考虑桥梁结构的空间受力性能。为此，需要按照全桥所有承载构件的直观几何形状、空间位置和力学特性，采用真正的三维应力应变关系对桥梁构件予以模拟，组合成为整座桥梁完整、统一的分析体系，并在此基础上进行整桥结构效应计算，由此得到详尽而又精确可靠的分析结果。为此，桥梁结构分析的数值模型需满足下述要求：

(1) 宜采用统一结构分析体系的全桥数学模型，以区别于划分不同体系、层次、平面或构件，先分别计算，再进行叠加组合的传统计算方法[6]。

(2) 数值模型应能精确描述桥梁结构的实际几何特征、质量分布和构件间的连接关系。

(3) 应能考虑纵、横隔板和加筋肋等构件对结构受力性能的影响；可考虑桥梁结构分析中的泊松效应、竖向应力和纵/横向应力耦合问题。

传统的桥梁分析理论将桥梁作为一般工程结构体系，采用常规的梁、板、壳和实体单元对结构进行离散，其分析成果往往受单元精度和计算效率的制约。为适应现代桥梁结构分析要求，有必要对桥梁结构分析理论中的数值方法做深入研究。

1.2　桥梁结构分析的数值方法

有限单元法在桥梁结构分析中的应用带来了桥梁技术的重大变革，促进了桥梁结构形式、设计理论和施工方法的不断创新和发展。有限单元法分析的质量主要取决于单元类型的选择和网格划分情况。目前，桥梁结构分析主要采用梁格法、板壳元法和三维实体单元法等。由于简化方法对实际结构存在较多假设，难以准确反映结构的实际情况，国内外许多学者已开始采用实体单元和板壳单元对桥梁结构进行三维分析[6, 8]。

1.2.1　有限单元法研究进展

有限单元法最早由 Clough[9] 在一篇关于平面弹性问题的论文中提出。Besseling[10] 在将有限单元法和传统里兹法比较后指出，有限元法是里兹法的另一种形式，其试函数就是分片插值函数，在单元上解析，在整个域上仅满足连续条件。试函数的这一改进，使得有限单元法比传统里兹法更为灵活，适应性更强。我国学者对有限单元法的发展有不少贡献：著名学者冯康提出的基于变分原理的差分格式[11] 就是有限元法；卞学鐄[12] 指出，对某些边值问题，有限单元法和有限差分法得出的方程组是一致的。迄今为止，有限元法作为一种数值方法在理论上已经比较成熟，许多有限单元法的专著已出版[13-17]，有限元法展现出前所未有的生命力。

就理论而言，可以利用三维实体单元详尽分析桥梁结构的各板件和杆件等的受力性能，并可以避免引入结构力学的简化，但这样做在实际的桥梁结构分析中遇到了一定困难。这是由于在采用实体单元对结构进行离散时，如果网格适应结构的几何特点，即实体单元的两个方向或一个方向比其他方向小得多，将使单元不同方向的刚度系数相差过大，从而导致求解方程的病态或奇异，最后将使解丧失精度或根本失败。反之，为避免上述问题，保持实体单元在各个方向尺度相近，将导致单元数过分庞大，使分析无法进行[18]。为此，现有桥梁结构的整体分析往往很少直接采用实体单元进行。板壳单元考虑到构件的几何特点，在力学分析中引入了一定假设，使之简化为二维问题，不但在数值求解角度考虑是必要的，还可使计算量得到很大缩减，在桥梁结构的整体分析方面适用范围更广。

由于按照板壳理论直接构造协调且简单有效的板壳单元遇到了巨大困难，因此板壳结构有限元分析的研究十分活跃。研究人员已提出了多种解决办法，并获得了一定成功，如龙驭球等提出的广义协调元[19]，Ahamed 和 Zienkiewicz 等构造的退化板壳元[20]，Chen 等提出的基于 Mindlin/Reissner 板理论的精化板元[21]和 Pian 等[22]构造的杂交应力板壳元，Bathe 等构造的 MITC 板壳元[105]等。目前，工程分析最为常用的是退化板壳元，该类单元虽然在分析板壳结构时表现出优异的数值性能，但用于桥梁结构分析时仍存在下述问题：

（1）单元通常基于中面构造，网格划分仅在结构中面进行，不能准确反映箱梁桥顶板与腹板、底板与腹板交界位置的几何特征，因而很难准确描述该位置的复杂应力分布。此外，交接位置几何描述的不准确导致在用于桥梁结构动力特性分析时不能精确考虑桥梁的质量分布。

(2) 单元存在转动自由度，通常有限元列式不含面内刚度，与梁单元和实体单元的连接需要专用的过渡单元通过多点约束方程实现[18]。此外，转动自由度的存在也给不规则边界条件的施加带来困难[2]。

(3) 基于 Kirchhoff 理论的薄板单元与基于 Reissner-Mindlin 理论的厚板单元适用性各异。通常，桥梁结构中板的厚度并不是一确定值，往往是变厚度的，在采用板壳单元分析时，需根据构件的特征几何尺寸和单元的适用性进行单元类型选择。

(4) 经典退化板壳单元通常采用平面应力本构关系，忽略板壳结构的法向应力，并不能如实体单元般描述桥梁结构的三维应力状态，对需要考虑板的法向应力状态，避免板的层间撕裂问题无能为力。

与基于中面的板壳元相比，Hauptmann 和 Schweizerhof[2] 构造的固壳元因无转动自由度且采用实体几何描述而引起众多研究者的关注，该单元无须过渡单元便可直接同实体单元连接。固壳元用于板壳结构分析时，往往存在不同程度的剪切和厚度锁闭，现在主要采用假设自然应变法(ANS)和增广假设应变法(EAS)克服各类锁闭[2,23-24]。其中，EAS 方法最早由 Simo 和 Rifai[24] 基于多域变分原理提出，并在文中证明了 EAS 方法和非协调元方法的等价性。其后，该方法被 Büchter 等[25] 用于固壳单元的构造。Hauptmann 和 Schweizerhof[2] 则基于 ANS 和 EAS 方法对固壳单元进行了系统开发。最近，Bischoff[26] 又从理论上提出了构造同 EAS 单元相匹配的非协调元的一般化方法。此外，Sze 等[27] 还基于杂交应力方法和 ANS 方法构造了固壳单元。Simo 和 Hughes[28] 等指出，杂交应力方法、EAS 方法以及非协调元方法均可统一为 B-bar 方法，在该方法中应变位移矩阵为假定应变算子所替代。

固壳单元除上面所描述的优点外，由于采用 ANS 方法克服板壳的剪切和厚度锁闭，因此对厚/薄板壳结构均适用。此外，无须引入板壳理论忽略其法向应力的基本假定，可以采用真实的三维应力应变关系，因此可如实体单元般描述桥梁各构件的三维真实应力状态。现在，许多商业有限元程序均已将 EAS 单元加入其单元库，如 ANSYS V9.0、MARC V2007、ABAQUS V6.5 和桥梁专用分析程序 LUSAS 等。

同固壳单元相似，徐兴等[29]和凌道盛[30]分别构造的 16～20 节点实体退化板壳元及三棱柱数值流形板单元也具有上述优点。文献[29－30]均通过将 Mindlin 板假定引入三维弹性本构关系得到。为确保单元位移模式能模拟挠度在板中面内的变化，单元上下表面的边中节点必须存在，或采用高阶数值流形覆盖，单元自由度相对较多。

与协调位移元相比，非协调元[31]扩大了试探函数的选择空间，可获得比协调元更高的计算精度。非协调元和基于 EAS 方法的单元相同，为确保数值解答的收敛必须要求通过常应力分片检验。分片检验的概念最早由 Bazelay 等[32]提出，Taylor 等[33]指出检验单元收敛性时只要求满足弱式分片检验，不强求满足强式分片检验。进一步研究表明，对无转动自由度的固壳元必须通过膜分片检验，但不强制通过常弯曲强式分片检验[34,35]。目前，已有许多方法被提出用以确保非协调元在不规则网格下通过分片检验：Taylor 等[36]建议计算非协调应变位移矩阵时取单元中心处的雅可比矩阵；Wilson 等[37]通过给应变位移矩阵附加修正矩阵，强迫单元通过分片检验；Choi 等[38]和陈万吉[39]分别采用直接修正法和精化直接刚度法使单元通过分片检验；Wu 等[40]则采用拉格朗日乘子法对单元刚度矩阵进行修正。文献[36－39]的修正方法本质上与虚参数法[41]相同，均通过修正单元常应变矩阵强迫单元通过分片检验。

1.2.2 板梁分析理论研究进展

板梁分析理论是介于梁和板壳有限元法之间的一种理论，具有操作简便的特点，许多研究成果已证明了该方法的有效性[42-44]。

王荣辉、曾庆元[42]应用板梁单元提出了考虑截面板单元组成的箱梁计算方法，节点的轴向位移和扭转位移采用线性函数，得到了精度比较好的变形结果，但没有对箱梁应力结果进行验证。该方法由于采用的单元尺寸比常规板壳单元要大，因此，选择合理的形函数就显得尤为重要。已有箱梁理论研究表明，轴向位移和扭转位移沿梁纵向假定为线性变化时不能反映约束扭转、畸变和剪力滞等特性。从提高计算精度考虑，对上述位移需要引入高阶的位移插值函数来描述箱梁结构变形特征。

谢旭等[43]根据箱梁在纵向的变形特性，引入高阶位移函数，改进了基于板梁单元的箱梁计算方法。该方法可得到较高精度的位移和应力结果，且在支点附近的应力和变形比板壳单元的结果更为合理。但是，该文献分析结果的验证仅局限于钢桥。考虑到预应力混凝土箱梁板厚相对较大，其适应性需进一步验证。此外，作为整体分析简化方法，其计算效率仍需进一步提高。

陈衡治等[44]在文献[42]的基础上同样采用高阶插值形函数，构造了适用于厚壁箱梁的单元。为较好地考虑翼板的横向变形，分析翼板的单元在横向需要两个中节点，并引入了高次轴向位移函数。为提高计算效率，采用子结构法进行自由度凝聚。吴再新等[45]提出的板段元法在理论上与之较为接近，该单元为克服薄板的剪切锁闭，采用了替代剪切应变(ANSYS)方法。

此外，Hamed 等[4]将箱梁结构视为板和梁的组合构件，分别考虑板、梁各自的变形，并采用位移协调条件对板、梁进行组合，求解了箱梁结构的自由振动问题。

板梁分析理论同基于中面构造的板壳元相似，在用于桥梁结构分析时仍存在以下一些不足：

（1）竖向荷载作用下，箱梁顶板和底板表现为面外弯曲变形，而腹板则以面内弯曲变形为主，为分别考虑顶板、底板和腹板的不同变形特征，板梁分析理论对顶板和底板通常采用 6 节点板壳元分析，而腹板则往往采用 4 节点板壳元分析，这对竖向荷载作用下的结构响应是合适的。但是，水平荷载作用下，箱梁顶、底板以及腹板的变形特征与竖向荷载作用下的变形特征恰恰相反。若仍采用上述网格划分方案，则很难确保可合理描述横向荷载作用下桥梁结构不同构件的变形特点。此外，单元列式的不统一给程序实现和网格划分带来了不便。

（2）考虑到箱梁结构变形的复杂性，板梁分析方法必须采用高阶插值形函数，文献[44]虽然通过内部自由度凝聚提高系统方程求解效率，但因需缩减的单元自由度数较多，在提高了系统方程求解效率的同时，降低了单元刚度矩阵的计算效率。

1.2.3　组合单元法研究进展

传统有限元法总是在研究对象所占据的空间范围内进行，要求不同的材料和构件划分不同的单元，离散的单元和节点数目过多，导致全桥结构的精细化分析难以实现。组合单元法将原始多构件系统设想为连续化实体，按照实体进行有限元网格剖分和确定单元计算自由度，单元内任意点的物理量为总体自由度所约束，将所有内部构件的自由度转换为整体自由度来求解，从而大规模节省计算工作量。曹志远等对组合单元法（超级元方法）的基本思路做了概述[46]。

为使同一单元内可包含不同材料，徐兴等[47]提出了虚拟层合单元的概念，项贻强、凌道盛等首先将虚拟层合单元用于桥梁结构分析[48,49]。虚拟层合单元可视为特殊的组合单元，可以用很少的单元和节点分析复杂的工程问题，并获得满意的计算精度。

其后，凌道盛[50]将虚拟层合单元的积分方法拓广到分块积分，蔡金标等[51]基于实体退化单元和分块积分方法构造了可包含杆、梁和板壳等在内的组合单元，并对青马大桥的动力特性进行了分析。其中，主塔和加劲梁均用组合单元模拟，所需系统自由度仅为 ABAQUS 程序建立的杆系模型的 58%，极大程度地提高了问题的求解效率。此外，汪劲丰等[52]也采用该方法对大跨度预应力混凝土桥梁的空间效应进行了分析。

文献[51]的组合单元按照总体变形的情况和总体分析精度的需要进行网格划分，每个组合单元的刚度矩阵通过分块积分完成，每个分块可分别服从板壳或梁的变形规律，在阐述分块积分方法时采用了数学上的积分可加性，在整个单元域内采用了统一的位移插值模式。需要指出，该方法的原理可进一步从 Shi[118]的数值流形方法基本思想得到验证。

Law 等[53]也采用超级元方法对青马大桥进行了分析，将吊索间的加筋梁段仅划分为一个单元，为描述内部构件的变形特征，采用了高阶形函数进行插值。

组合单元法保留了有限元法所具有的灵活性和程序统一性特点，适用于复杂桥梁结构的空间总体分析。不仅大规模地节省了计算工作量，而且仍能较仔细地反映桥梁结构各细部主要构件的力学特征、几何尺寸、物理常数、所在空间位置以及对系统刚度、质量的贡献。

1.2.4 混凝土桥梁徐变计算理论研究进展

混凝土的徐变效应对结构行为的影响和其计算方法已引起工程和科研人员的普遍关注，并且已取得较多研究成果[54-62]。混凝土的徐变变形与弹性变形和塑性变形这两类与时间无关的瞬时变形不同，时间效应的影响相当显著。在这类情况下，考虑混凝土桥梁变形的时间效应是完全必要的。

早在 1986 年，Creus 等就将黏弹性理论运用到混凝土结构的徐变分析[54]。Ichinose 等采用两参数 Kelvin 黏弹性模型对钢管混凝土轴压受力状态下混凝土的徐变规律进行了研究[55]。Diab 和 Wu[56]则在广义 Maxwell 黏弹性模型的基础上研究了 FRP 混凝土的长期性能。Jo 等[57]通过不同温度下的单轴徐变试验给出了通过短期混凝土徐变实验数据预测长期混凝土徐变性能的模型，该模型采用 Prony 级数的表达形式，本质上为具有不同支路数的广义 Maxwell 模型。考虑到结构分析中，通常弯曲变形比单轴向拉压变形更为普遍，Guedes 等[58]采用 4 点弯曲加载方案对 GFRP 混凝土的徐变性能进行了研究，并根据实验数据确定了 Bruger-Kelvin 黏弹性模型中的参数。叶贵如在其学位论文中采用标准三参数黏弹性模型考虑了混凝土斜拉桥的徐变特性[59]，并在其分析中考虑了施工过程的影响。Cheng 等[60]也基于三维黏弹性理论，采用三参数线性黏弹性模型分析了钢管混凝土结构的徐变效应。Jurkiewiez 等[61]在复合梁单元和层合板壳单元的基础上，利用 Dirichlet 级数表达的黏弹性模型对预应力混凝土梁的徐变行为进行了研究，指出线性黏弹性理论可用于混凝土材料的基本徐变分析，但不能很好地考虑干缩徐变，线性黏弹性理论用于结构设计是满足要求的。Kwak 和 Seo[62]基于应变协调条件，采用单轴应力状态下用 Dirichlet 级数表达的徐变模型研究了组合截面桥梁的徐变特性，为考虑组合截面的影响，在其分析中引入了层合方法。为改善黏弹性固体的计算精度，刘靖华等[63]在钟万勰院士提出的精细时程积分方法的基础上，引入状态空间方程，给出了黏弹性固体的精细积分有限元算法。

以往的研究[54-58, 62]一般都采用平截面假定，沿用钢筋混凝土考虑徐变的做法，未考虑钢管和混凝土的相互作用对长期荷载效应的影响。相对于这些研究而言，前述基于多轴应力状态的黏弹性理论可以考虑混凝土的三向应力状态。但需要指出，由于标准三参数黏弹性模型具有单一的松弛时间，而实际上长度不同的分子片段对混凝土徐变均有贡献，因此该模型虽然可以给出正确的混凝土长期徐变变形规律，但与混凝土徐变实验的结果仍存在一定差异[140]。

1.3　已有研究中存在的不足

从前面的文献综述可以看到，目前桥梁结构分析的数值方法尚存在以下一些问题有待进一步研究。

1. 三维空间应力状态的全桥数值模型

大跨度桥梁结构在现代桥梁建设中应用越来越广泛，一方面，体现了现代桥梁建设技术的发展和成熟；另一方面，新型桥梁结构受力特征和传力途径较传统单一结构形式复杂得多，桥梁设计需要获得构件的三维应力状态。正确分析这些特征已远杆系分析模型和经典板壳单元模型所能胜任。然而，受困于高效率实体单元的开发，反映桥梁结构三维空间应力状态的精细化数值模型一直未能得到较好解决。因此，少自由度、高精度新单元的研发对于桥梁结构的全桥精细化分析至关重要。

2. 混凝土桥梁徐变计算理论的研究

目前，国内外针对混凝土徐变提出了各种经验公式，由于各公式考虑的因素不同，混凝土徐变的数学表达式也不尽相同。关于混凝土徐变机理的各种理论和假定，迄今为止还没有一种能被广泛接受。

基于黏弹性理论的混凝土徐变规律研究虽然已取得一定成果，但多数研究仍局限于单轴应力状态。此外,我国《公路钢筋混凝土及预应力混凝土桥涵设计规范》(JTG D62—2004)采用徐变系数考虑混凝土的徐变问题,不能直接将前述黏弹性理论的研究成果用于混凝土桥梁的结构设计。

3. 桥梁结构的构件受力特性研究

横隔板的受力性能通常不是结构分析的重点,但横隔板往往对桥梁结构的横向受力性能和抗扭刚度有重要影响,是桥梁结构设计中改善箱梁和肋梁整体受力性能的重要构造措施,一般桥梁中均会设置一定数量的横隔板,传统桥梁计算方法往往难以模拟其受力特征。考虑到对横隔板进行有限元离散将大大增加求解系统的单元和节点数目,将横隔板纳入全桥整体分析模型的结构效应计算还远不充分。

1.4 本文研究的主要内容

肖汝诚[64]将桥梁设计理论概括为三个方面,桥梁概念设计理论、桥梁分析理论和结构与构件设计理论。其中,桥梁分析理论涉及桥梁结构的静力分析、动力分析和稳定分析,上述分析的计算模型必须满足真实性、精确性和精细化的要求,见图 1-1。考虑到桥梁结构的复杂性,现有桥梁结构分析的数值模型始终存在计算精度和计算效率之间的矛盾,满足图 1-1 中真实性、精确性和精细化要求的桥梁分析数值模型往往会导致庞大的计算量,以牺牲计算效率为代价来满足分析要求。因此,发展高精度、强适应性和高效率的数值分析模型已成为桥梁分析理论亟待解决的问题。

本文在相关研究的基础上,基于非协调元理论对桥梁结构分析的数值方法做深入研究,全文围绕提高数值解答的计算精度和缩减计算工作量两个方面展开,研究的主要内容见图 1-2,具体包括以下几点:

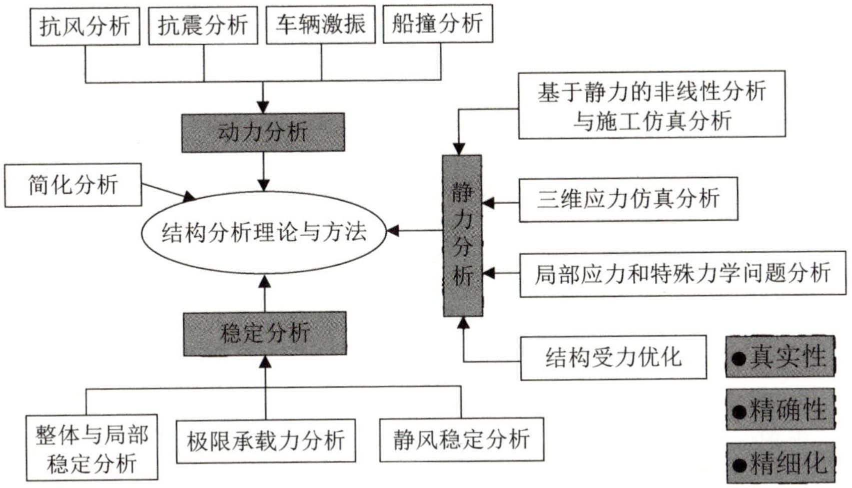

图 1-1 桥梁分析理论概念

(1) 为提高数值解答的计算精度,基于非协调元理论构造了系列八节点实体板壳单元,并给出了显式表达的非协调位移模式。该系列单元具有独立自由度少、适应性好、计算精度高的优点,适合桥梁工程中的复杂板壳结构分析。

(2) 为提高桥梁结构分析的计算效率,缩减计算量,在前文板壳元的基础上通过二次等参映射方法构造了通过分片检验的组合板壳单元。组合单元的构造为反映桥梁横隔板和加筋肋等细部构件的受力性能以及有限元网格的剖分提供了便利。

(3) 为拓广上述分析方法的适用范围,将广义 Maxwell 黏弹性模型引入构造的组合单元以考虑混凝土桥梁多轴应力状态下的徐变效应,使组合单元可用于钢-混凝土组合桥梁的长期效应分析。

(4) 将构造的组合单元用于杭州文晖斜拉桥的动力特性分析,并与实验结果进行比较,考察本文数值方法的有效性。

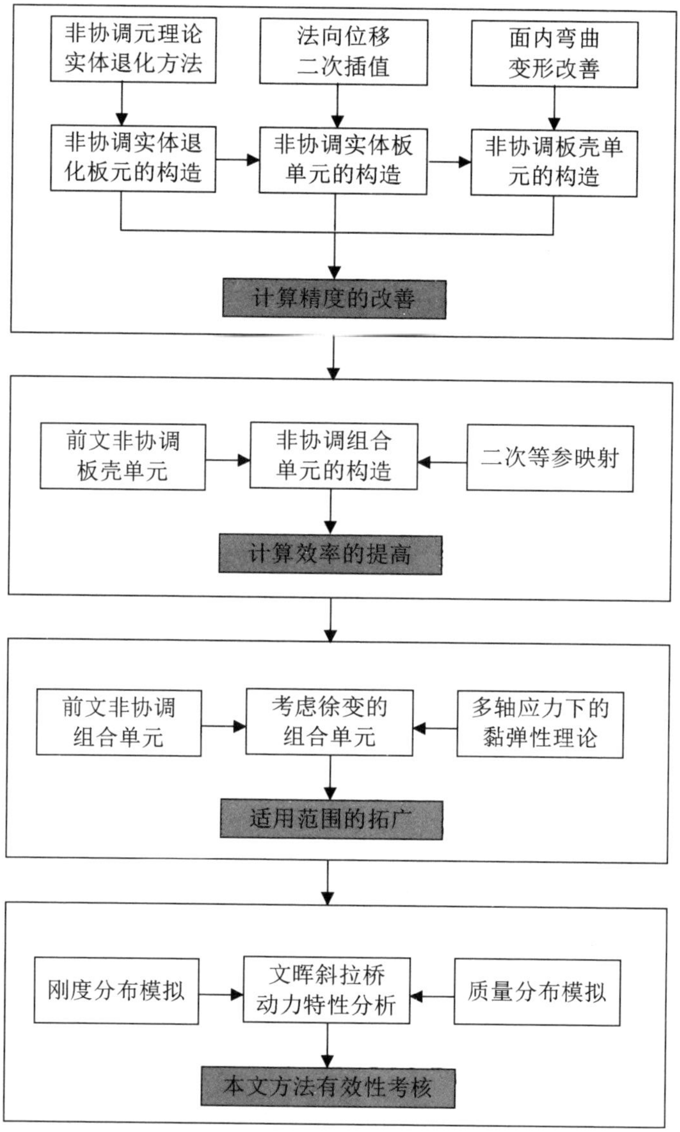

图 1-2　本文研究的主要内容

第2章

非协调实体退化板单元

2.1 概　　述

桥梁上最常用的箱梁，在自重或汽车荷载作用下其截面应力和变形特性已经与梁理论基本假定有明显差异。梁的轴线方向不与支承方向垂直时，梁理论往往不能得到支座附近的精确应力分布。采用实体单元进行桥梁分析是一种适应性强且精度高的有效方法，可精确模拟结构细部构造和各类边界。但考虑到计算代价，采用实体单元对整桥进行分析尚存在不少困难。桥梁多数构件在一个方向的几何尺寸比其他两个方向小得多，可引入一些假定，使之简化为二维问题，采用板壳单元分析以提高计算效率。

徐兴等[29]提出了16～20节点实体退化板壳单元，每个节点仅有3个平动位移自由度，通过为三维应力应变关系引入Mindlin板假定克服厚度锁闭。对桥梁工程涉及的板厚范围，该单元厚薄通用。目前，已被成功地用于青马大桥、文晖大桥和甬江大桥等大跨度桥梁的分析[51,59,65]，分析精度令人满意。

为改善线性单元的性质，提高其计算精度，Wilson提出为线性单元的位移插值函数附加内部位移项[31]，即非协调元方法。与协调元相比，非协调元扩大了试探函数的选择空间，可获得更高的计算精度。此后，Bischoff 等[66]和 Simo 等[24]分别从变分原理角度证明了非协调元方法同杂交应力方法和增强应变 EAS 方法的等价性。此外，非协调元理论也在商业有限元程序 ANSYS 中得到了广泛应用，对桥梁结构分析最常用的实体单元、板壳单元和梁单元均提供了非协调项供用户选用[67]。

本章将基于非协调元理论和实体退化方法，构造适合板结构分析的八节点实体退化板单元。与文献[2,29]的板壳元类似，单元只有平动位移自由度，无转动位移自由度，可直接与三维实体单元连接。与 EAS 固壳元不同，单元基于一类变量变分原理构造，有限元列式更加简单，无须采用 ANS 方法即可克服剪切锁闭。相同精度要求下，单元自由度仅为实体退化板壳元的一半，提高了求解效率。为确保数值解答的收敛性，为非协调位移模式附加修正项，确保单元通过分片检验。

2.2 非协调元理论与分片检验

基于最小势能原理的协调元，离散系统的势能泛函 Π_p 可表达为

$$\Pi_p = \sum_e \left[\int_{V^e} \left(\frac{1}{2} \boldsymbol{\varepsilon}^{\mathrm{T}} \boldsymbol{D} \boldsymbol{\varepsilon} - \boldsymbol{u}^{\mathrm{T}} \boldsymbol{f} \right) \mathrm{d}V - \int_{T_\sigma^e} \boldsymbol{u}^{\mathrm{T}} \boldsymbol{t} \, \mathrm{d}S \right] \tag{2-1}$$

式中，$\boldsymbol{D}$ 为三维弹性矩阵；$\boldsymbol{f}$ 和 $\boldsymbol{t}$ 分别为单元体积力和单元边界上的分布荷载。非协调元方法中，仍可按式(2-1)对系统进行离散。此时，为确保解的稳定性，非协调元必须满足弱连接条件和应变基独立条件[69]。但解的唯一存在并不能保证它一定收敛于真解。为保证解的收敛性，单元的非协调试函数需满足分片检验条件(PTC)。

记非协调元的试解为

$$\boldsymbol{u} = \hat{\boldsymbol{u}} + \tilde{\boldsymbol{u}} \tag{2-2}$$

式中，$\hat{\boldsymbol{u}}$ 和 $\tilde{\boldsymbol{u}}$ 分别代表协调位移和非协调位移。单元的协调位移可利用节点位移表达为

$$\hat{\boldsymbol{u}} = \sum \hat{N}_i \hat{\boldsymbol{d}}_i,\ i = 1,\ 2,\ \cdots,\ 8 \tag{2-3}$$

式中，$\hat{\boldsymbol{d}}_i$ 为第 i 个节点的位移矢量；$\hat{N}_i$ 为常规八节点三维实体等参元的形函数，可表达为

$$\hat{N}_i = \frac{1}{8}(1+\xi_i\xi)(1+\eta_i\eta)(1+\zeta_i\zeta) \tag{2-4}$$

将式(2-2)代入式(2-1)，并利用非协调系统势能泛函的驻值条件可得单元应力平衡方程和非协调系统的能量相容条件[26,41]，即

$$\int_V (\delta\hat{\varepsilon} + \delta\tilde{\varepsilon})^{\mathrm{T}} \cdot \boldsymbol{D} \cdot (\hat{\varepsilon} + \tilde{\varepsilon})\mathrm{d}V = \int_V (\delta\hat{\boldsymbol{u}})^{\mathrm{T}} \cdot \boldsymbol{f}\mathrm{d}V + \int_{\Gamma_\sigma} (\delta\hat{\boldsymbol{u}})^{\mathrm{T}} \cdot \boldsymbol{t}\mathrm{d}\Gamma \tag{2-5a}$$

$$\sum_e \oint_{\partial V^e} \boldsymbol{t}^{\mathrm{T}} \delta\tilde{\boldsymbol{u}}\mathrm{d}S = 0 \tag{2-5b}$$

式中，$\hat{\boldsymbol{\varepsilon}}$ 和 $\tilde{\boldsymbol{\varepsilon}}$ 分别为协调应变与非协调应变，可分别根据协调位移与非协调位移得到；$\boldsymbol{t} = \boldsymbol{n\sigma}$ 为单元表面力，$\boldsymbol{n}$ 为单元外法线矢量。其中，式(2-5b)的力学含义为，各单元表面 ∂V^e 上的表面力 $\boldsymbol{t}$ 对非协调位移 $\delta\tilde{\boldsymbol{u}}$ 所做的虚功为零。对给定的非协调元系统而言，相容条件式(2-5b)是系统泛函取驻值的必要条件。

为确保非协调元解的收敛性，相容条件表达式(2-5b)必须得到满足。在有限元网格细分的极限状态下，单元趋于常应力状态，式(2-5b)可改写为

$$\sum_e \oint_{\partial V^e} \boldsymbol{\sigma}_{\mathrm{c}}^{\mathrm{T}} \boldsymbol{n}^{\mathrm{T}} \delta\tilde{\boldsymbol{u}}\mathrm{d}S \rightarrow 0 \tag{2-6}$$

为避免复杂的数学分析，取上式的齐次封闭形式[69]，即有

$$\sum_{e}\oint_{\partial V^{e}} \boldsymbol{\sigma}_{c}^{\mathrm{T}} \boldsymbol{n}^{\mathrm{T}} \tilde{\boldsymbol{u}} \mathrm{d}S = 0 \tag{2-7}$$

上式表达的收敛条件即为 Irons 等提出的常应力分片检验准则[84]。需要指出，对满足试解完备性和稳定性的非协调元，分片检验条件表达式(2-7)是非协调元数值解收敛的充分条件。

式(2-7)与单元集合方式以及计算网格的形状有关，为便于使用，通常取其增强形式，即

$$\oint_{\partial V^{e}} \boldsymbol{\sigma}_{c}^{\mathrm{T}} \boldsymbol{n}^{\mathrm{T}} \tilde{\boldsymbol{u}} \mathrm{d}S = 0 \tag{2-8}$$

消去式(2-8)中的常应力 $\boldsymbol{\sigma}_c$，可得单个单元的 PTC 实用表达形式：

$$\oint_{\partial V^{e}} \boldsymbol{n}^{\mathrm{T}} \tilde{\boldsymbol{u}} \mathrm{d}S = 0 \tag{2-9}$$

2.3 非协调实体退化板单元

2.3.1 单元几何与坐标系

图 2-1 所示为单元的几何描述和坐标系，单元中面可由厚度边中点确定。为保证单元在不规则网格下通过分片检验，与 EAS 固壳元对单元几何的要求一致，要求单元厚度方向无畸变。对严格满足上述几何的单元，本文单元将通过强式分片检验。对不能精确满足上述几何的曲壳结构，随着网格细化，单元趋于上述几何，可通过弱式分片检验。

有限元列式的表达需要三个坐标系：整体坐标系 x, y, z；局部坐标系 x', y', z' 和自然坐标系 ξ, η, ζ，见图 2-1。各坐标系的作用分别如下：

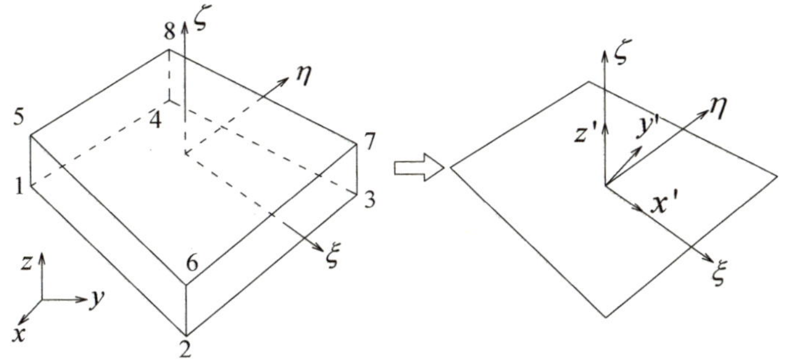

(a) 单元几何　　(b) 单元中面

图 2-1　非协调退化板元几何描述与坐标系

(1) 整体坐标系：用于定义单元几何和描述单元节点整体位移。

(2) 局部坐标系：定义于单元中心，以便于非协调位移的引入。

(3) 自然坐标系：定义于单元中心，并规定 ζ 沿单元厚度方向。

需要指出，本文单元坐标系的定义与 Kim 等[68]用于薄壁结构分析的固壳单元 XSOLID85 的坐标系定义一致。为确定局部坐标轴在整体坐标系中的方向，首先计算基矢量 $\boldsymbol{V}_1=\{\bar{l}_{x'},\ \bar{m}_{x'},\ \bar{n}_{x'}\}^{\mathrm{T}}$ 和 $\boldsymbol{V}_2=\{\bar{l}_{y'},\ \bar{m}_{y'},\ \bar{n}_{y'}\}^{\mathrm{T}}$。其中，

$$
\begin{aligned}
&\bar{l}_{x'}=\sum_{i=1}^{8}\frac{\partial N_i(\xi,\ \eta,\ \zeta)}{\partial\xi}x_i,\ \bar{m}_{x'}=\sum_{i=1}^{8}\frac{\partial N_i(\xi,\ \eta,\ \zeta)}{\partial\xi}y_i,\\
&\bar{n}_{x'}=\sum_{i=1}^{8}\frac{\partial N_i(\xi,\ \eta,\ \zeta)}{\partial\xi}z_i\\
&\bar{l}_{y'}=\sum_{i=1}^{8}\frac{\partial N_i(\xi,\ \eta,\ \zeta)}{\partial\eta}x_i,\ \bar{m}_{y'}=\sum_{i=1}^{8}\frac{\partial N_i(\xi,\ \eta,\ \zeta)}{\partial\eta}y_i,\\
&\bar{n}_{y'}=\sum_{i=1}^{8}\frac{\partial N_i(\xi,\ \eta,\ \zeta)}{\partial\eta}z_i
\end{aligned}
\tag{2-10}
$$

式中，$\xi=\eta=\zeta=0$。不难看出，基矢量 $\boldsymbol{V}_1$ 和 $\boldsymbol{V}_2$ 分别与 ξ 和 η 方向平行。因此，可得 x' 轴的单位切向矢量：

$$\boldsymbol{i}_{x'}=\{l_{x'},\ m_{x'},\ n_{x'}\}^{\mathrm{T}}$$

其中，

$$l_{x'} = \frac{\bar{l}_{x'}}{L_{x'}},\ m_{x'} = \frac{\bar{m}_{x'}}{L_{x'}},\ n_{x'} = \frac{\bar{n}_{x'}}{L_{x'}} \tag{2-11}$$

式中，$L_{x'} = \sqrt{\bar{l}_{x'}^2 + \bar{m}_{x'}^2 + \bar{n}_{x'}^2}$。$z'$ 轴单位切线矢量 $\boldsymbol{i}_{z'}$ 由矢量 $\mathbf{V}_1 \times \mathbf{V}_2$ 归一化得到，即

$$\boldsymbol{i}_{z'} = \frac{\mathbf{V}_1 \times \mathbf{V}_2}{|\mathbf{V}_1 \times \mathbf{V}_2|} \tag{2-12}$$

不难看出，z' 轴表示了板元的法线方向。y' 坐标轴的单位切线矢量 $\boldsymbol{i}_{y'}$ 按右手系确定，有

$$\boldsymbol{i}_{y'} = \boldsymbol{i}_{z'} \times \boldsymbol{i}_{x'} \tag{2-13}$$

整体坐标系内的坐标和位移与局部坐标系内的坐标和位移之间的转换矩阵可定义为

$$\boldsymbol{T} = [\boldsymbol{i}_{x'} \quad \boldsymbol{i}_{y'} \quad \boldsymbol{i}_{z'}] = \begin{bmatrix} l_{x'} & l_{y'} & l_{z'} \\ m_{x'} & m_{y'} & m_{z'} \\ n_{x'} & n_{y'} & n_{z'} \end{bmatrix} \tag{2-14}$$

则整体坐标系下的位移矢量 $\boldsymbol{u}$ 与局部坐标系下的位移矢量 $\boldsymbol{u}'$ 满足

$$\boldsymbol{u} = \boldsymbol{T}\boldsymbol{u}' \tag{2-15}$$

利用上式，可实现不同坐标系下位移的相互转换。

类似地，借助式(2-14)，可得单元内任意点局部坐标，即

$$\boldsymbol{x}' = \boldsymbol{T}^{\mathrm{T}}\boldsymbol{x} \tag{2-16}$$

式中，$\boldsymbol{x}$ 为整体坐标。

2.3.2 应力-应变本构关系

为了把板壳结构作为特殊的块体，采用三维实体单元或类似于三维

实体单元的等参单元进行分析，许多学者进行过这方面的深入研究。Wood 直接采用式(2-3)表达的三维实体单元形函数对板壳结构进行分析，在其研究中注意到扁平单元会使刚度矩阵变得病态，因此提出了相对位移的概念[50]。遗憾的是，数值结果表明 Wood 的试验是失败的。

式(2-3)在厚度方向采用线性位移插值，导致沿厚度方向的应变 $\varepsilon_{z'}$ 为常量，这与弯曲问题中因泊松比 ν 不等于零而产生的沿厚度方向线性分布的 $\varepsilon_{z'}$ 相矛盾，厚度锁闭不可避免。因此，Ziekiewicz 指出，采用式(2-3)形函数的单元在泊松比不为零时，结果将收敛于错误的解答。徐兴等对这类单元进行了深入研究，认为得到错误解答的原因在于没有适当的引入板壳理论的相应假定[50]。徐兴等通过在三维实体单元的基础上引入板壳基本假定，构造了实体退化板壳单元[29]。其后，凌道盛[30]通过为三棱柱数值流形单元引入板壳基本假定构造了三棱柱数值流形板单元。为克服板的厚度锁闭，同样为本文单元引入板壳理论的基本假定。

根据板理论，板内应力满足 $\sigma_{z'} \ll \sigma_{x'}$，且 $\sigma_{z'} \ll \sigma_{y'}$。可见，$\sigma_{z'}$ 产生的变形可忽略不计。引入该假定后，弹性应力-应变关系可简化为

$$\begin{Bmatrix} \varepsilon_{x'} \\ \varepsilon_{y'} \\ \varepsilon_{z'} \\ \gamma_{y'z'} \\ \gamma_{z'x'} \\ \gamma_{x'y'} \end{Bmatrix} = \frac{1}{E} \begin{bmatrix} 1 & -\nu & 0 & & & \\ -\nu & 1 & 0 & & & \\ 0 & 0 & 1 & & & \\ & & & 2(1+\nu) & & \\ & & & & 2(1+\nu) & \\ & & & & & 2(1+\nu) \end{bmatrix} \begin{Bmatrix} \sigma_{x'} \\ \sigma_{y'} \\ \sigma_{z'} \\ \tau_{y'z'} \\ \tau_{z'x'} \\ \tau_{x'y'} \end{Bmatrix} \tag{2-17}$$

式中，E 和 ν 均为弹性常数。可见，式(2-17)从根本上克服了板弯曲问题中因厚度方向线性位移插值导致的厚度锁闭。需要指出，上述处理方法对正交异性钢桥面铺装层分析也适用。由于平面应力本构关系的采

用,尽管单元采用了实体几何描述,其本质仍为退化单元。

采用退化的本构关系,板元局部坐标系下的应力-应变关系可表达为

$$\begin{Bmatrix} \sigma_{x'} \\ \sigma_{y'} \\ \sigma_{z'} \\ \tau_{y'z'} \\ \tau_{z'x'} \\ \tau_{x'y'} \end{Bmatrix} = \begin{bmatrix} d_1 & d_2 & & & & \\ d_2 & d_1 & & & & \\ & & E & & & \\ & & & d_3 & & \\ & & & & d_3 & \\ & & & & & G \end{bmatrix} \begin{Bmatrix} \varepsilon_{x'} \\ \varepsilon_{y'} \\ \varepsilon_{z'} \\ \gamma_{y'z'} \\ \gamma_{z'x'} \\ \gamma_{x'y'} \end{Bmatrix} \tag{2-18}$$

式中,$d_1 = \dfrac{E}{1-\nu^2}$,$d_2 = \nu d_1$,$d_3 = kG$;k 为剪切修正系数。将式(2-18)写为矩阵形式,即

$$\boldsymbol{\sigma}' = \boldsymbol{D}'\boldsymbol{\varepsilon}' \tag{2-19}$$

式中,$\boldsymbol{D}'$ 为局部坐标系下的应力应变矩阵;$\boldsymbol{\sigma}'$ 和 $\boldsymbol{\varepsilon}'$ 为局部坐标下的应力向量和应变向量。根据弹性力学[92]知识,有

$$\boldsymbol{\sigma}' = \boldsymbol{T}_\sigma \boldsymbol{\sigma} \quad \boldsymbol{\varepsilon}' = \boldsymbol{T}_\varepsilon \boldsymbol{\varepsilon} \tag{2-20}$$

式中,$\boldsymbol{\sigma}$ 和 $\boldsymbol{\varepsilon}$ 分别为整体坐标下的应力和应变向量。式(2-20)中转换矩阵 $\boldsymbol{T}_\varepsilon$ 可表达为

$$\boldsymbol{T}_\varepsilon = \begin{bmatrix} l_{x'}l_{x'} & m_{x'}m_{x'} & n_{x'}n_{x'} & m_{x'}n_{x'} & n_{x'}l_{x'} & l_{x'}m_{x'} \\ l_{y'}l_{y'} & m_{y'}m_{y'} & n_{y'}n_{y'} & m_{y'}n_{y'} & n_{y'}l_{y'} & l_{y'}m_{y'} \\ l_{z'}l_{z'} & m_{z'}m_{z'} & n_{z'}n_{z'} & m_{z'}n_{z'} & n_{z'}l_{z'} & l_{z'}m_{z'} \\ 2l_{y'}l_{z'} & 2m_{y'}m_{z'} & 2n_{y'}n_{z'} & m_{y'}n_{z'}+m_{z'}n_{y'} & n_{y'}l_{z'}+n_{z'}l_{y'} & l_{y'}m_{z'}+l_{z'}m_{y'} \\ 2l_{x'}l_{z'} & 2m_{x'}m_{z'} & 2n_{x'}n_{z'} & m_{x'}n_{z'}+m_{z'}n_{x'} & n_{x'}l_{z'}+n_{z'}l_{x'} & l_{x'}m_{z'}+l_{z'}m_{x'} \\ 2l_{x'}l_{y'} & 2m_{x'}m_{y'} & 2n_{x'}n_{y'} & m_{x'}n_{y'}+m_{y'}n_{x'} & n_{x'}l_{y'}+n_{y'}l_{x'} & l_{x'}m_{y'}+l_{y'}m_{x'} \end{bmatrix} \tag{2-21}$$

可以证明

$$\boldsymbol{T}_\sigma^{-1} = \boldsymbol{T}_\varepsilon^{\mathrm{T}} \tag{2-22}$$

将式(2－20)—式(2－22)代入式(2－19)，可得整体坐标系下板单元的应力-应变关系矩阵：

$$\boldsymbol{D} = \boldsymbol{T}_\sigma^{-1}\boldsymbol{D}'\boldsymbol{T}_\varepsilon = \boldsymbol{T}_\varepsilon^{\mathrm{T}}\boldsymbol{D}'\boldsymbol{T}_\varepsilon \tag{2-23}$$

需要指出，由于 $\sigma_{z'}$ 很小，由式(2－17)计算得到的应变 $\varepsilon_{z'}$ 比真实值要小得多，相当于引入了假定 $\varepsilon_{z'}=0$，即板的上下表面相对位移等于零。利用这样的本构关系可望得到与相对位移板单元[70]一致的解答。此外，在板结构分析中，因 $\delta\varepsilon_{z'}\sigma_{z'}$ 对内力所做虚功影响很小，因此 $\varepsilon_{z'}$ 的真实大小并不重要。

2.3.3　非协调位移模式

为较好地模拟板的面外弯曲变形，16～20 节点实体退化板单元[29]上下表面的边中节点不可缺少，边中节点的存在不但给网格划分带来困难，还增加了系统的自由度。为此，本节将非协调位移理论引入本文单元。为板元局部坐标系下的位移分量 w' 附加下述非协调位移：

$$\tilde{w}' = [\xi^2\ \eta^2]\begin{Bmatrix}\tilde{d}_1\\ \tilde{d}_2\end{Bmatrix} + [\xi^2\eta\ \xi\eta^2]\begin{Bmatrix}\tilde{d}_3\\ \tilde{d}_4\end{Bmatrix} \tag{2-24}$$

式中，$\tilde{\boldsymbol{d}}_1=\{\tilde{d}_1\ \tilde{d}_2\}^{\mathrm{T}}$，$\tilde{\boldsymbol{d}}_2=\{\tilde{d}_3\ \tilde{d}_4\}^{\mathrm{T}}$ 为非协调位移自由度；$\tilde{N}_1=\xi^2$，$\tilde{N}_2=\eta^2$，$\tilde{N}_3=\xi^2\eta$ 和 $\tilde{N}_4=\xi\eta^2$ 均为非协调位移模式。

附加 $\tilde{w}'$ 后，w' 对自然坐标 ξ、η 的完备阶次提高了，有助于克服单元剪切锁闭。但对任意形状的板元式(2－24)不满足分片检验，需进行修正。对偶函数表达的非协调模式 ξ^2 和 η^2，可采用 Taylor 的方法[36]，在计算非协调应变位移矩阵时取单元中心处的雅可比矩阵，不再详述。

对高阶非协调模式 $\xi^2\eta$ 和 $\xi\eta^2$，Taylor 的方法并不适用，可采用文献[41]中的虚参数法进行修正。为其中的高阶非协调模式附加机动项，有

$$\tilde{w}'^{*}=[\xi^2\eta\,\xi\eta^2]\begin{Bmatrix}\tilde{d}_3\\\tilde{d}_4\end{Bmatrix}+[\xi\,\eta]\begin{Bmatrix}\tilde{d}_1^{*}\\\tilde{d}_2^{*}\end{Bmatrix}\tag{2-25}$$

式中，$\tilde{\boldsymbol{d}}^{*}=\{\tilde{d}_1^{*}\ \ \tilde{d}_2^{*}\}^{\mathrm{T}}$ 包含两个待定参数。

为一般分片检验表达式(2-9)，引入前述几何假定，可证明下式成立：

$$\int_{V^e}\frac{\partial\xi^2\eta}{\partial z'}\mathrm{d}V=\int_{V^e}\frac{\partial\xi\eta^2}{\partial z'}\mathrm{d}V=0\tag{2-26}$$

式中，V^e 为单元体积。因此，本文板单元的分片检验表达式可进一步简化为

$$\int_{A^e}\begin{Bmatrix}\dfrac{\partial}{\partial x'}\\\dfrac{\partial}{\partial y'}\end{Bmatrix}\tilde{w}'^{*}\,\mathrm{d}A=\mathbf{0}\tag{2-27}$$

式中，积分域 A^e 为板元中面。将式(2-25)代入式(2-27)，分片检验表达式可改写为

$$\boldsymbol{P}\,\tilde{\boldsymbol{d}}_2+\boldsymbol{P}_{*}\tilde{\boldsymbol{d}}^{*}=\mathbf{0}\tag{2-28}$$

式中

$$\boldsymbol{P}=\int_{A^e}\begin{bmatrix}\dfrac{\partial\xi}{\partial x'}&\dfrac{\partial\eta}{\partial x'}\\\dfrac{\partial\xi}{\partial y'}&\dfrac{\partial\eta}{\partial y'}\end{bmatrix}\begin{bmatrix}2\xi\eta&\eta^2\\\xi^2&2\xi\eta\end{bmatrix}\mathrm{d}A\quad \boldsymbol{P}_{*}=\int_{A^e}\begin{bmatrix}\dfrac{\partial\xi}{\partial x'}&\dfrac{\partial\eta}{\partial x'}\\\dfrac{\partial\xi}{\partial y'}&\dfrac{\partial\eta}{\partial y'}\end{bmatrix}\mathrm{d}A$$

因 $\boldsymbol{P}_{*}$ 矩阵非奇异，待定参数可表达为

$$\tilde{\boldsymbol{d}}^{*}=-\boldsymbol{P}_{*}^{-1}\boldsymbol{P}\tilde{\boldsymbol{d}}_2\tag{2-29}$$

将上式代入式(2－25)，可得无条件满足分片检验的非协调位移：

$$\tilde{w}'^{*}=([\xi^{2}\eta\ \ \xi\eta^{2}]-[\xi\ \ \eta]\boldsymbol{P}_{*}^{-1}\boldsymbol{P})\ \tilde{\boldsymbol{d}}_{2} \tag{2-30}$$

将式(2－24)的高阶非协调模式 $\xi^2\eta$ 和 $\xi\eta^2$ 替换为上式中的插值形式，并用式(2－6)可将局部坐标系中的位移转换到整体坐标系中。

2.3.4　单元刚度矩阵

将式(2－9)代入几何方程，可得单元内任意点的应变：

$$\boldsymbol{\varepsilon}=\boldsymbol{Lu}=\boldsymbol{Bd} \tag{2-31}$$

式中，$\boldsymbol{B}=\boldsymbol{L}[\hat{\boldsymbol{N}}\tilde{\boldsymbol{N}}]$，$\boldsymbol{L}$ 为位移应变微分算子矩阵，$\hat{\boldsymbol{N}}$ 为协调位移形函数矩阵，$\tilde{\boldsymbol{N}}$ 为非协调位移形函数矩阵；$\boldsymbol{d}=[\hat{\boldsymbol{d}}\ \tilde{\boldsymbol{d}}]$ 为单元自由度。

单元采用实体几何描述，单元内任意点坐标可表示为

$$x=\sum\hat{N}_i x_i,\ y=\sum\hat{N}_i y_i,\ z=\sum\hat{N}_i z_i \tag{2-32}$$

则单元刚度矩阵可表达为

$$\boldsymbol{K}_t^e=\int_{-1}^{1}\int_{-1}^{1}\int_{-1}^{1}\boldsymbol{B}^{\mathrm{T}}\boldsymbol{DB}\,|\,\boldsymbol{J}\,|\,\mathrm{d}\xi\mathrm{d}\eta\mathrm{d}\zeta \tag{2-33}$$

式中，$|\boldsymbol{J}|$ 为变换(2－32)的 Jacobi 矩阵行列式。

考虑到钢筋混凝土桥梁中钢筋在混凝土中的铺设一般是在一个或几个方向进行，致使结构的承载能力在各个方向并不相同，力学上表现为各向异性。桥梁结构的主钢筋一般在纵向布置，从横截面上看，钢筋在混凝土中是离散分布的，见图 2－2。

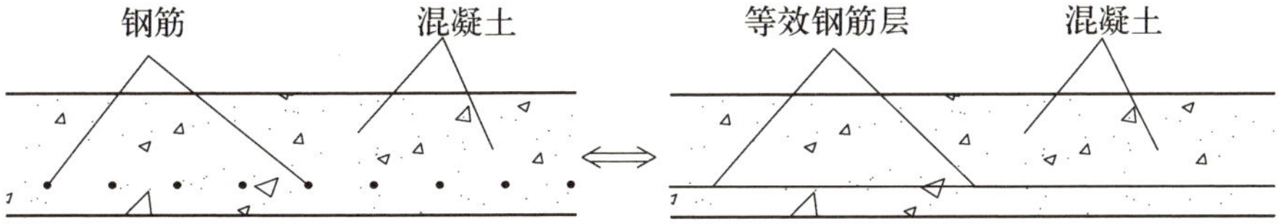

图 2－2　钢筋混凝土等效层示意图

为了计算方便，凌道盛等[48]在该类结构的分析中做了连续化处理，使之等效为均质薄层，但为考虑其实际抗力性能，该等效薄层具有正交各向异性的材料特性；钢筋对混凝土沿纵向有明显加强作用，沿其他两个方向则基本没有加强作用，因此其主轴方向的弹性模量可根据钢筋与混凝土的面积比进行折算，而其他两方向可取为混凝土弹性模量。

为使单元适用于层合板分析，以便考虑钢筋混凝土桥梁中钢筋层的作用，将式(2-33)的积分域再划分为若干子域，如图 2-3 所示划分为 3 个子域。

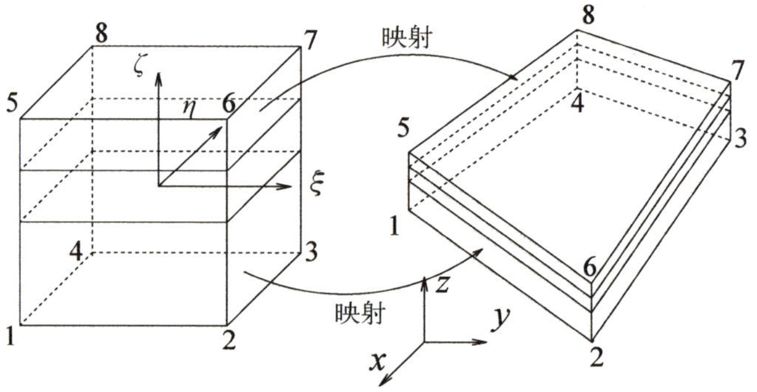

图 2-3　母单元分区积分示意图

不失一般性，假定每个子域在母单元中均为六面体，可用 8 个顶点描述其几何形状。记第 k 个子域的第 i 个顶点的母单元坐标为 $(\xi_i^k, \eta_i^k, \zeta_i^k)$，则第 k 个子域内任意点的母单元坐标可类似式(2-32)表示为

$$\xi = \sum \hat{N}_i(\xi', \eta', \zeta')\xi_i^k$$

$$\eta = \sum \hat{N}_i(\xi', \eta', \zeta')\eta_i^k, \ i = 1, 2, \cdots, 8$$

$$\zeta = \sum \hat{N}_i(\xi', \eta', \zeta')\zeta_i^k \tag{2-34}$$

式中，$\xi' \in [-1, 1]$，$\eta' \in [-1, 1]$，$\zeta' \in [-1, 1]$，式(2-34)定义了

ξ, η, ζ 和 ξ', η', ζ' 间的映射关系。

将式(2-34)代入式(2-33),可得层合板单元刚度矩阵:

$$\boldsymbol{K}_t^e = \sum_{k=1}^{m} \int_{-1}^{1} \int_{-1}^{1} \int_{-1}^{1} \boldsymbol{B}^{\mathrm{T}} \boldsymbol{D}^k \boldsymbol{B} \mid \boldsymbol{J} \mid \mid \boldsymbol{J}' \mid \mathrm{d}\xi' \mathrm{d}\eta' \mathrm{d}\zeta' \quad (2-35)$$

式中,m 为积分子域数;$|\boldsymbol{J}'|$ 为由坐标变换式(2-34)得到的 Jacobi 矩阵行列式;$\boldsymbol{D}^k$ 为第 k 个积分域的应力-应变矩阵。由式(2-35)表达的单元平衡方程含有内部自由度,其内部自由度 $\tilde{d}_i$ 可采用高斯消去法凝聚。凝聚后,单元自由度等于八节点实体单元的自由度,并记凝聚后的单元刚度阵为 $\boldsymbol{K}^e$,详见 4.2 节。

由于板单元采用了实体几何描述且无转动自由度,因此可直接同三维实体单元连接。引入分域积分技术[48]后,单元可用于层合板结构分析,以便考虑钢筋混凝土桥梁中钢筋的加强作用。此外,同样可采用该单元对正交异性钢桥面铺装层进行分析。

2.4 单元考核

有限单元法自 20 世纪 50 年代开始用于工程实践以来,理论体系日趋完善,应用领域不断拓广,大量用于不同分析目的单元被构造,并用于工程实践。但是,有限元法的计算结果很少是精确的,这里有许多原因:将一个结构划分成若干单元,其位移场排除了许多可能的变形模式;单元的类型、数目、大小、形状和过渡,每一项都可以在很广的可能范围内选择;节点和单元的编号方式也会影响计算的次序;计算机只能用有限位数字来表示数值。以上因素均会对有限单元法的计算精度和适用性产生影响。

通常,如果一个单元在粗网格下能得到可接受的结果,并在网格加密时迅速收敛于精确解，那么，这个单元就是好的。而品质优异的单元通常需要满足以下几个基本要求，能够通过分片检验；具有坐标不变性；在拼装成的结构中没有零能变形模式；能与不同类型的单元相匹配；理论上应该是简单的，而其计算机实现是经济的。为考察新构造单元的品质，验证其在已知理论解答的考题中的性态是最有效的方法。

到目前为止，科研工作者已构造出众多板壳单元，并致力于工程应用。常见的板壳单元有广义协调厚/薄板壳元、应力杂交板壳单元、拟协调板壳元、相对自由度板壳元和超参数板壳单元等[18-19, 71]。国际上公认的性能优异的板壳单元应具有以下性质：

(1) 网格细化时收敛于真解，可通过分片检验。

(2) 单元列式不含多余零能模式。

(3) 可适用于任意不规则几何形状。

(4) 不会出现剪切锁闭和厚度泊松锁闭。

(5) 单元列式不依赖于某些数值调整系数。

(6) 单元列式简单，以减少计算代价。

(7) 可得到高精度的位移和应力解答。

(8) 对单元畸变不敏感。

本节将考察本文构造的板元的数值性能及适应性。为测试新单元的品质，采用已有文献列出的板元经典考题，对该单元进行了分片检验、特征值、网格畸变和收敛性等一系列测试，并与已有文献给出的计算结果或精确解答进行比较。比较中涉及的单元类型已归纳于表 2-1。为便于比较，文中大部分计算结果已根据精确解答或参考解答进行了归一化。需要指出：已有文献给出的多数参考解答均采用了一致的量纲单位得到，本节及后续各章中凡未明确注明计算单位的考题均遵循上述约定。

表 2-1　单 元 列 表

单元类型	单　元　描　述
DSP	16 节点实体退化板壳单元[29]，采用退化本构关系
H11	Wilson 非协调元，含 9 个单元内部自由度[69]
ANS - $\gamma\varepsilon$	八节点杂交应力固壳单元[27]
MITC4	Bathe 等的 4 节点 Mindlin 板元[105]
TPME	基于数值流行技术的三棱柱实体退化板单元[30]
SOLSH190	ANSYS 的固壳单元，基于 EAS 和 ANS 方法构造，含 7 个单元内部自由度
XSOLID82	Klinkel 构造的含 21 个内部自由度的实体单元[23]
XSOLID83	基于 ANS 方法的八节点 EAS 实体元[34]
XSOLID85	Kim 等的固壳单元，基于修正的雅克比矩阵及 ANS 方法构造[68]

2.4.1　单元基本品质试验

算例 1　膜分片检验

为说明非协调元解的收敛性，Bazelay 等[32]最早提出了分片检验概念。所谓分片检验，简单地讲，就是要看单元及其典型的组合体——小片，是否能再现结构常应力和常应变状态，有关分片检验的数学解释是由 Strang 等[72]做出的。

目前，分片检验作为一种实用工具已被广泛用于单元数值解答收敛性检验，可分为强式分片检验和弱式分片检验两种。强式分片检验是针对有限尺度网格讲的，它要求有限尺度网格可以给出问题的精确解答，优点是便于应用；弱式分片检验是针对细分网格讲的，它不要求对有限尺寸网格给出精确解答，只要求当网格无限细分时能收敛于精确解，其优点为切合收敛性本意。强式分片检验表达式(2-7)并非单元数值解答收敛的必要条件，而仅是充分条件[33, 73, 77]，有些非协调元并不严格满足式(2-7)的分片检验条件，却仍可收敛于真解[74-75]。文献[33,

73]已指出，为保证非协调元数值解答的收敛性，只要求满足弱式分片检验，不强求满足强式分片检验。

进一步研究表明，为保证数值解答的收敛性，对不含转动自由度的固壳单元及本文单元无须通过常弯曲分片检验，但必须通过膜分片检验[76]，这也是厚度方向仅采用一个增强应变项构造的板壳元[34-35]以及采用了 30 个增强应变项而未采用 ANS 方法构造的实体元[23]可以确保收敛的原因。

为考察单元通过膜分片检验的情况，分析 MacNeal 和 Harder[78]给出的矩形板考题，见图 2－4。该考题中矩形板被划分为 5 个不规则板壳单元，共有 4 个内部节点和 4 个外部节点。若对该考题采用本文单元或固壳单元进行分析，则节点数加倍，单元节点分别位于板的上、下表面。对矩形板的外部各节点施加下述位移约束：

$$u = (x + y/2) \times 10^{-3},\ v = (x/2 + y) \times 10^{-3},\ w = 0$$

式中，u，v 和 w 分别为图 2－4 所示沿 x，y 和 z 方向的位移。

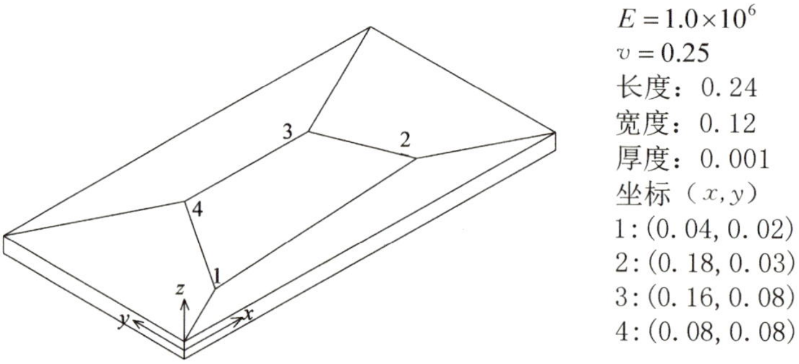

图 2－4　分片检验

利用弹性力学知识不难看出，该问题的理论解答恰反映了面内常应力状态。面内各应力分量的理论解分别为

$$\sigma_x = \sigma_y = 1\,333,\quad \tau_{xy} = 400$$

经计算，内部各节点的位移解答和各单元的应力解答均同精确解完全一致，严格通过膜分片检验。

算例 2　常弯曲分片检验

对网格划分基于中面进行，含转动自由度的经典板壳单元而言，为保证其数值解答的收敛性，单元必须通过常弯曲分片检验。前文已提及，对本文单元、厚度方向仅采用一个增强应变项的 EAS 固壳单元[34-35]和未采用 ANS 方法构造的含 30 个增强应变项的实体单元[23]，均不能通过常弯曲强式分片检验，但是该类单元的收敛性可以得到保证，这是由于该类单元均可通过常弯曲状态下的弱式分片检验。

为考察本文单元通过常弯曲弱式分片检验的情况，对图 2-4 所示矩形板的外围节点施加下述位移约束：

$$\begin{Bmatrix} u \\ v \\ w \end{Bmatrix} = \begin{Bmatrix} u_0 \\ v_0 \\ w_0 \end{Bmatrix} \pm \frac{h}{2} \begin{Bmatrix} \theta_y \\ -\theta_x \\ 0 \end{Bmatrix}$$

其中，$u_0 = 0,\ v_0 = 0,\ w_0 = (x^2 + xy + y^2)/2.0 \times 10^{-3}$

$\theta_x = (y + x/2) \times 10^{-3},\ \theta_y = -(x + y/2) \times 10^{-3}$

不难看出，上述位移场反映了板的常弯曲状态。在图 2-4 所示网格基础上，按照 Taylor 等[33]要求的弱式分片检验条件不断对网格进行二分细化，在不同网格密度下矩形板上表面各节点位移 w 的收敛情况见表 2-2。

表 2-2　板上表面内部节点位移收敛情况

单元数	节点编号			
	1	2	3	4
5	$0.459\,18 \times 10^{-2}$	$0.238\,04 \times 10^{-1}$	$0.275\,86 \times 10^{-1}$	$1.479\,00 \times 10^{-2}$
20	$0.204\,52 \times 10^{-2}$	$0.200\,77 \times 10^{-1}$	$0.242\,05 \times 10^{-1}$	$1.175\,60 \times 10^{-2}$

续 表

单元数	节　点　编　号			
	1	2	3	4
80	$0.158\,42\times10^{-2}$	$0.196\,14\times10^{-1}$	$0.228\,06\times10^{-1}$	$0.998\,98\times10^{-2}$
320	$0.146\,32\times10^{-2}$	$0.194\,20\times10^{-1}$	$0.224\,87\times10^{-1}$	$0.968\,49\times10^{-2}$
1 280	$0.141\,46\times10^{-2}$	$0.193\,66\times10^{-1}$	$0.224\,20\times10^{-1}$	$0.962\,10\times10^{-2}$
精确解	$0.140\,00\times10^{-2}$	$0.193\,50\times10^{-1}$	$0.224\,00\times10^{-1}$	$0.960\,00\times10^{-2}$

表 2-2 中的计算结果表明，该单元虽然在有限尺寸的粗网格下不能给出精确解，因而不能通过该考题的强式分片检验。但是当网格细分时，单元的解答是向精确解收敛的，因而可通过弱式分片检验，数值解答的收敛性可以得到保证。

算例 3　特征值测试

单元特征值实验可以检测零能模式和缺少不变性等缺陷，是单元基本品质实验中的一项。假定单元节点荷载 $\boldsymbol{F}$ 正比于单元节点位移 $\hat{\boldsymbol{d}}$，其比例因子为 λ，则可得

$$\boldsymbol{K}^e\hat{\boldsymbol{d}} = \boldsymbol{F} = \lambda\hat{\boldsymbol{d}} \tag{2-36}$$

式(2-36)可进一步表达为

$$(\boldsymbol{K}^e - \lambda\boldsymbol{I})\hat{\boldsymbol{d}} = \boldsymbol{0} \tag{2-37}$$

不难看出，这是一个特征值问题。将每个特征向量 $\hat{\boldsymbol{d}}_i$ 归一化，使得 $\hat{\boldsymbol{d}}_i^{\mathrm{T}}\hat{\boldsymbol{d}}_i = 1$，则由式(2-36)可以得到

$$\lambda_i = \hat{\boldsymbol{d}}_i^{\mathrm{T}}\boldsymbol{K}^e\hat{\boldsymbol{d}}_i \tag{2-38}$$

因此，单元刚度矩阵 $\boldsymbol{K}^e$ 的每个特征值 λ_i 为加上归一化的节点位移后单元应变能的两倍[14]。

当相应的 $\hat{\boldsymbol{d}}_i$ 表示刚体运动时，可求得 $\lambda_i = 0$。对平面单元，有 3 个独

立的刚体运动模式，因此至少存在 3 个零特征值；对三维实体单元和本文单元，存在 6 个刚体运动模式，因此至少存在 6 个零特征值。此外，对零能应变模式，也将导出零特征值，相应的特征向量表示零能模式和刚体运动模式的组合。

进行单元特征值测试时，首先要考察单元刚度矩阵是否具有适当数目的零特征值。若零特征值数目少于相应的刚体运动模式数，则意味着位移场不具备所需刚体运动的能力；如果多于相应的刚体运动模式数目，则表明单元存在多余零能变形模式，有可能引起整体刚度矩阵奇异，导致求解失败或解答失真。对本文单元而言，零特征值数目应当为 6。

此外，单元刚度矩阵 $\boldsymbol{K}^e$ 的特征值可用于评估单元性能的优劣。大小、形状和材料性质指标都相同的单元，在常应变模式中具有相同的刚度，但在高阶变形模式中刚度各不相同。根据式(2－38)，采用不同有限元列式而自由度数相同的各单元中，刚度最低的单元是最好的，该单元对于高阶变形模式具有最低的特征值。

为得到本文构造的板壳单元的零能模式和可能锁闭的相关信息，采用文献[2]中的例子进行了特征值测试。分别考虑了两种尺度的单元以反映不同的适用条件：

(1) 厚跨比 $t/L=2/100$。该单元代表了采用粗略网格划分的板壳，或反映了板极薄情况下的性能。

(2) 厚跨比 $t/L=1$。该单元可用于考察高度弯曲的壳体结构的收敛性或用于反映接近三维应力状态的情况，见第 4 章算例中的夹持圆柱壳。

上述两种不同形状单元的特征值计算结果见表 2－3 和表 2－4。需要指出，表 2－3 和表 2－4 中的 ANS5 单元为基于退化壳概念的 4 节点板壳元[79]，其他单元均为基于 EAS 和 ANS 的实体板壳元[2]。其中，ANS6z 单元和 ANS3DLr 单元与本文单元类似，均忽略了板的法向应力。

表 2-3　单元特征值结果($t/L=2/100$)

单元类型	刚体运动	零能模式	特征值			
			<0.1	<1.0	<1 000	最大值
ANS5	1—6	—	7～11	12～17	18～20	2.54
ANS6z	1—6	—	7～9	10～16	17～23	1 365
ANS3DLr	1—6	—	7～9	10～16	17～23	1 838
ANS3DL	1—6	—	7	8～16	17～23	1 838
ANS3Dq	1—6	—	7～9	10～16	17～26	1 838
ANS3DEAS	1—6	—	7～9	10～16	17～23	1 838
文献[80]	1—6	7—13	14～15	16～21	22～23	1 683
本文	1—6	—	7～9	10～16	17～23	1 250

表 2-4　单元特征值结果($t/L=1$)

单元类型	刚体运动	零能模式	特征值		
			<0.1	<1.0	最大值
ANS5	1—6	—	7～12	13～18	1.56
ANS6z	1—6	—	7～11	12～24	0.78
ANS3DLr	1—6	—	7～10	11～23	1.36
ANS3DL	1—6	—	7～8	9～23	1.36
ANS3Dq	1—6	—	7～11	12～27	1.36
ANS3DEAS	1—6	—	7～10	11～23	1.36
文献[80]	1—6	7—13	14～15	16～23	1.25
本文	1—6	—	7～11	12～24	0.71

由表 2-3 和表 2-4 的计算结果不难看出：

(1) 除文献[80]中的减缩积分单元外，各单元均有 6 个零特征值，无多余零能模式。

(2) 各单元均未显示出严重的锁闭趋势。

由表 2－3 可知，在粗糙网格情况下本文单元与其他固壳单元给出了比文献[79]中的退化壳单元更大的特征值，这是由于较大的条件数所致。此外，表 2－4 表明若采用精细网格，各单元的特征值差异不大，且退化壳元显示了比其他单元更差的性能。由表 2－3 和表 2－4 可见，本文单元显示了比固壳元更好的数值性能。

文献[80]中提出对一般的三维实体单元在面内方向进行减缩积分，从而将三维实体单元直接用于板壳结构分析，其有限元列式同三维实体单元本质上并无差别，且其程序实现也更加简单，但是对该单元进行特征值测试时将得到 13 个零特征值，含 7 个多余零能模式，解的稳定性受到威胁，并不适用于工程分析。

2.4.2　其他单元品质试验

算例 4　薄板剪切锁闭

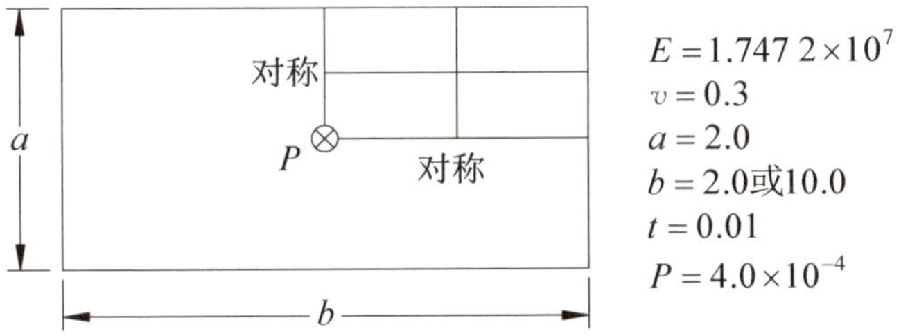

图 2－5　固支矩形板

图 2－5 所示为中心承受集中荷载的周边固支矩形薄板，该考题可用于测试单元克服剪切锁闭的能力。分别计算长宽比 b/a 为 1.0 和 5.0 时板的中心挠度，并与已有文献结果进行比较。相对精确解的归一化结果见表 2－5 和表 2－6。

表 2-5 固支矩形板归一化解答($b/a=1.0$)

网格	XSOLID82	XSOLID85	H11	SOLSH190	文献[29]	本文
2×2	0.866	0.866	0.019	0.866	0.472	0.866
4×4	0.973	0.966	0.246	0.966	0.969	0.966
6×6	0.989	0.985	0.614	0.985	—	0.985
8×8	0.995	0.993	0.824	0.993	—	0.993

注：精确解为 5.60×10^{-6}。

表 2-6 固支矩形板归一化解答($b/a=5.0$)

网格	XSOLID82	XSOLID85	H11	SOLSH190	文献[29]	本文
2×2	0.321	0.319	0.006	0.319	0.487	0.319
4×4	0.850	0.826	0.083	0.826	0.903	0.826
6×6	0.927	0.912	0.246	0.912	—	0.912
8×8	0.957	0.944	0.414	0.944	0.971	0.944
16×16	0.989	0.986	0.846	0.986	—	0.986

注：精确解为 7.23×10^{-6}。

由表 2-5 和表 2-6 可见，除 Wilson 非协调元 H11 因剪切锁闭导致性能较差外，其余单元均显示了较好的性能。本文单元同 SOLSH190 单元、XSOLID85 单元精度相同，均略逊于 XSOLID82 单元，但单元的内参数远少于 XSOLID82 单元和 SOLSH190 单元。16 节点实体退化板元在该考题中出现轻微剪切锁闭，系统自由度相当的条件下，计算精度比本文单元略差。

算例 5 均布荷载作用下的固支方板

周边固支方板承受均布荷载作用，取 1/4 结构进行分析。定义无量纲中心挠度 w_c 为计算值与薄板理论解的比值。表 2-7 给出了不同厚跨比条件下 w_c 的计算结果。

表 2 - 7　固支方板计算结果

厚跨比	厚板解[82]	精确解[81]	文献[30]	本　文		
				2×2	4×4	8×8
0.01	1.000	—	0.995	0.960	0.991	1.000
0.05	—	1.047	1.040	0.994	1.036	1.039
0.10	1.185	1.182	1.158	1.103	1.147	1.157
0.14	—	1.347	1.304	1.243	1.292	1.302
0.20	1.713	1.687	1.602	1.540	1.591	1.601
0.30	2.551	—	2.313	2.271	2.309	2.314

由表 2 - 7 可见，本文单元在不同板厚情况下均得到了满意的计算结果。即使采用较稀疏的有限元网格求解，也能得到满足工程精度要求的解答。文献[30]为基于高阶流形覆盖构造的三棱柱实体退化板元，其 4×4 网格的系统自由度远多于本文 8×8 网格的自由度。

算例 6　固支九层正交铺设方板

如前所述，为使单元可模拟钢筋混凝土桥梁中钢筋的加强作用，需要单元可适用于正交异性层合板分析。为考察单元的适应性，考虑承受均布荷载作用的四边固支九层正交铺设方板。板的铺层顺序为[0°/90°/0°/90°/0°/90°/0°/90°/0°]，各铺层厚度相同。铺层材料性质参数为：$E_x = 3.0 \times 10^7$，$E_y = E_z = 0.75 \times 10^6$，$\nu_{xy} = 0.25$，$G_{yz} = 0.375 \times 10^6$，$G_{xy} = G_{xz} = 0.45 \times 10^6$。鉴于结构的对称性，取板的1/4进行计算。为便于同已有文献解答[83]做比较，定义挠度系数 $\bar{w}_c$ 为 $\bar{w}_c = [E_y t^3 w_c/(q_0 L^4)] \times 10^3$。不同厚跨比的 $\bar{w}_c$ 计算结果见表 2 - 8。可以看出，在引入分域积分方法后本文单元可用于层合板结构分析。

表 2-8 层铺板归一化解答

厚跨比	QUAD4	TRIPLT	RDTMLC	RDKQ-L24	本文
	405DOF	375DOF	605DOF	216DOF	216DOF
0.001	0.944	0.934	0.957	0.970	0.933
0.010	0.957	0.964	0.969	0.983	0.948
0.100	2.316	2.320	2.318	2.351	2.342

2.5 本章小结

(1) 同基于 ANS 和 EAS 方法构造的固壳元相比，本文板元所需内参数更少，计算效率更高。

(2) 采用分域积分方法后，单元可用于层合板结构分析，适合于描述钢筋混凝土桥梁中钢筋的加强作用。

(3) 对工程问题涉及的板厚而言，单元对厚薄板均可获得满意的计算精度，对薄壁截面的钢桥或厚壁截面的混凝土桥梁均适用。

(4) 单元可分析正交异性板结构，能直接用于正交异性钢桥面铺装层分析。

第3章 非协调实体板单元

3.1 概　　述

箱梁截面抗扭刚度大，在桥梁施工与使用过程中具有良好的稳定性，已在现代桥梁建设中得到了广泛应用。早期的预应力箱梁桥在运营多年后普遍会出现跨中下挠，工程师多采用增大预抛高和增加预应力度方法改善这种现象。预应力度的增加往往会导致新的问题：预应力筋张拉后出现崩裂破坏即是其例。我国已有多座桥梁在施工过程中出现崩裂破坏，并造成了很大的经济损失[7]。文献[7,85]分别就预应力箱梁的底板和腹板崩裂问题采用实体单元做了分析，文献[86]则对 30 m 跨的预应力混凝土薄壁箱梁底板崩裂进行了实验研究。以上研究将混凝土崩裂归因于预应力束曲率效应引起的下崩力，分析中均出现了数值较大的沿板厚方向的拉应力。为得到板厚方向的应力分布，必须准确反映箱梁各板件的三维空间应力状态，基于中面构造的板壳单元以及第 2 章构造的非协调退化板单元对此难以胜任。

第 2 章构造的板单元同文献[29－30]构造的单元相似，均通过修改三维弹性本构关系矩阵克服厚度锁闭。在本构关系矩阵的修改中忽略了板的法向应力，尽管采用了实体几何描述，其本质上仍属退化单元，并不能反映预应力混凝土箱梁各构件的空间应力状态。为使单元可获得结构的三维应力状态，考虑板的法向应力，本章将摒弃实体退化方法，通过高阶法向位移插值克服厚度锁闭。

为确保数值解答的收敛性，已有许多方法被提出用以确保非协调元在不规则网格下通过分片检验[36-41]。其中，Taylor 等的方法[36]计算效率较高，但不适用于高阶非协调模式。为进一步提高计算效率，本章将推导显式表达的高阶非协调位移模式修正项，并综合利用 Taylor 等[36]的方法强制单元通过分片检验。与已有修正方法相比，该方法在确定附加修正项时无须采用数值体积积分[37, 39-41]，提高了单元层次的计算效率。

3.2 非协调位移模式

通过修改三维弹性应力应变本构关系矩阵克服板壳弯曲问题中因泊松比不等于零而导致的厚度锁闭，不能给出结构的三维空间应力状态。为克服上述缺陷，可采用假设自然应变方法(ANS)[87-88]替代板原有的法向应变插值模式，该方法被多数基于多变量变分原理构造的 EAS 单元所采用[2, 68, 76]。

直接假定法向应变 $\varepsilon_{z'}$ 沿厚度方向线性分布，对 w' 位移采用二次插值，也可克服单元厚度锁闭。类似的方法曾被 Büchter 用于退化壳单元[89]，以及双节点模型(Double-node-model)的构造[90]。双节点模型厚度方向的二次位移插值函数 ζ^2 在单元上下表面并不消失，导致了厚度方向位移的不连续。为此，Parisch[91] 基于几何近似提出了采用 $1-\zeta^2$ 代替 ζ^2，以弥补厚度方向位移的不连续。但是，Parisch 在单元分析阶段将每条厚度边上附加的第 7 个自由度凝聚，导致了相邻单元在面内方向的厚度应变不连续，且该凝聚过程相当复杂[2]。

第 2 章构造的板元本质上属于非协调位移元，因此可简单地为单元的法向位移 w' 引入额外的内部自由度，使单元法向应变 $\varepsilon_{z'}$ 沿厚度方向线性分布，从而与因泊松比不为零导致的弯曲问题中产生的线性法向应变相匹配，可从本质上克服单元厚度锁闭。因此，为板元局部坐标系下的位移分量 w' 附加下述非协调位移：

$$\tilde{w}' = [\xi^2\ \eta^2]\begin{Bmatrix}\hat{d}_1\\ \hat{d}_2\end{Bmatrix}+[\xi^2\eta\ \xi\eta^2]\begin{Bmatrix}\hat{d}_3\\ \hat{d}_4\end{Bmatrix}+[\zeta^2]\{\hat{d}_5\} \tag{3-1}$$

不难看出，式(3－1)中的非协调位移仅比式(2－24)中的非协调位移多 ζ^2 项，ζ^2 项的引入却可以从根本上克服厚度泊松锁闭。引入该非协调模式后，在单元刚度矩阵计算中可直接采用完全的三维弹性应力应变本构关系，无须再采用式(2－18)修正的本构关系进行计算。有关单元刚度矩阵计算的其他细节与第 2 章的非协调实体退化板元相同，不再赘述。

3.3　显式表达的非协调位移模式修正项

与第 2 章的板单元相似，附加式(3－1)的非协调位移后，面内任意形状的板单元将不满足分片检验，需要对非协调位移模式进行修正。由单个单元的分片检验实用表达式(2－9)可知，为确保单元在不规则网格下通过分片检验，与非协调位移相关的应变应在单元积分域内为零[23]，即满足

$$\int_V \frac{\partial \tilde{N}_i}{\partial x'_k}\mathrm{d}V = 0,\ i = 1-5,\ k = 1-3 \tag{3-2a}$$

或等价地满足

$$\int_V \frac{\partial \tilde{N}_i}{\partial x_k} \mathrm{d}V = 0, \ i = 1-5, \ k = 1-3 \tag{3-2b}$$

式中，$x_1' = x'$，$x_2' = y'$，$x_3' = z'$；$x_1 = x$，$x_2 = y$ 且 $x_3 = z$。

由式(3-2b)可得

$$\int_{-1}^{1}\int_{-1}^{1}\int_{-1}^{1}\sum_{\alpha=1}^{3}\frac{\partial \tilde{N}_i}{\partial \xi_\alpha}\frac{\partial \xi_\alpha}{\partial x_k}\left|\boldsymbol{J}(\xi, \eta, \zeta)\right| \mathrm{d}\xi \mathrm{d}\eta \mathrm{d}\zeta = 0 \tag{3-3}$$

式中，$\xi_1 = \xi$，$\xi_2 = \eta$，$\xi_3 = \zeta$。

根据 Taylor 等[36]的建议，将 $\frac{\partial \xi_\alpha}{\partial x_k}$ 替换为固定值 $\frac{|\boldsymbol{J}(0, 0, 0)|}{|\boldsymbol{J}(\xi, \eta, \zeta)|} \cdot \left.\frac{\partial \xi_\alpha}{\partial x_k}\right|_{\xi=\eta=\zeta=0}$，则式(3-3)简化为

$$\int_{-1}^{1}\int_{-1}^{1}\int_{-1}^{1}\sum_{\alpha=1}^{3}\frac{\partial \tilde{N}_i}{\partial \xi_\alpha} \mathrm{d}\xi \mathrm{d}\eta \mathrm{d}\zeta = 0 \tag{3-4}$$

不难看出，对偶函数表达的非协调位移模式，在单元中心处计算 $\partial \xi_\alpha / \partial x_k$ 后，式(3-4)将始终成立，可满足常应力分片检验条件。因此，Taylor 等的方法对本文的非协调位移模式 ξ^2、η^2 和 ζ^2 是有效的。同文献[37, 39-41]的修正方法相比，由于无须采用数值体积积分计算非协调模式修正项，计算效率相对较高，本文将直接采用 Taylor 等的方法对非协调位移模式 ξ^2、η^2 和 ζ^2 进行修正。

对式(3-1)中所包含的高阶非协调模式 $\xi^2\eta$ 和 $\xi\eta^2$，上述方法并不适用，需要考虑其他修正方法。文献[40-41]提出的方法虽然可以用于任意高阶非协调位移模式的修正，但是在计算修正项时需进行数值体积积分，降低了单刚的计算效率，下面将推导显式表达的高阶非协调模式修正项。

定义单元几何系数 a_i，b_i，c_i($i = 1, 2, \cdots, 7$) 如下：

$$\begin{bmatrix} a_1 & b_1 & c_1 \\ \vdots & \vdots & \vdots \\ a_7 & b_7 & c_7 \end{bmatrix} = \frac{1}{8}\begin{bmatrix} -1 & 1 & 1 & -1 & -1 & 1 & 1 & -1 \\ -1 & -1 & 1 & 1 & -1 & -1 & 1 & 1 \\ -1 & -1 & -1 & -1 & 1 & 1 & 1 & 1 \\ 1 & -1 & 1 & -1 & 1 & -1 & 1 & -1 \\ 1 & -1 & -1 & 1 & -1 & 1 & 1 & -1 \\ 1 & 1 & -1 & -1 & -1 & -1 & 1 & 1 \\ -1 & 1 & -1 & 1 & 1 & -1 & 1 & -1 \end{bmatrix}\begin{bmatrix} x'_1 & y'_1 & z'_1 \\ \vdots & \vdots & \vdots \\ x'_8 & y'_8 & z'_8 \end{bmatrix} \tag{3-5}$$

式中，x'_i，y'_i 和 z'_i 为单元第 i 个节点的局部坐标，可利用式(2-14)通过整体坐标得到。

利用 Mathematica 符号推演软件，将各高阶非协调位移模式对局部坐标系的偏导数在单元域内的积分用式(3-5)定义的几何形状系数表达出来，并引入 2.3.1 节给出的几何假定：

$$\int_{V^e}\frac{\partial \tilde{N}_3}{\partial x'_1}\mathrm{d}V = \frac{8}{9}(b_4c_6 - b_6c_4) + \frac{16}{9}(b_2c_7 - b_7c_2) + \frac{8}{3}(b_3c_1 - b_1c_3)$$

$$= -\frac{8}{3}b_1c_3 \tag{3-6a}$$

$$\int_{V^e}\frac{\partial \tilde{N}_3}{\partial x'_2}\mathrm{d}V = \frac{8}{9}(a_6c_4 - a_4c_6) + \frac{16}{9}(a_7c_2 - a_2c_7) + \frac{8}{3}(a_1c_3 - a_3c_1)$$

$$= \frac{8}{3}a_1c_3 \tag{3-6b}$$

$$\int_{V^e}\frac{\partial \tilde{N}_3}{\partial x'_3}\mathrm{d}V = \frac{8}{9}(a_4b_6 - a_6b_4) + \frac{16}{9}(a_2b_7 - a_7b_2) + \frac{8}{3}(a_3b_1 - a_1b_3)$$

$$= 0 \tag{3-6c}$$

$$\int_{V^e}\frac{\partial \tilde{N}_4}{\partial x'_1}\mathrm{d}V = \frac{8}{9}(b_5c_4 - b_4c_5) + \frac{16}{9}(b_7c_1 - b_1c_7) + \frac{8}{3}(b_2c_3 - b_3c_2)$$

$$= \frac{8}{3}b_2c_3 \tag{3-7a}$$

$$\int_{V^e} \frac{\partial \widetilde{N}_4}{\partial x_2'} \mathrm{d}V = \frac{8}{9}(a_4 c_5 - a_5 c_4) + \frac{16}{9}(a_1 c_7 - a_7 c_1) + \frac{8}{3}(a_3 c_2 - a_2 c_3)$$
$$= -\frac{8}{3} a_2 c_3 \tag{3-7b}$$

$$\int_{V^e} \frac{\partial \widetilde{N}_4}{\partial x_3'} \mathrm{d}V = \frac{8}{9}(a_5 b_4 - a_4 b_5) + \frac{16}{9}(a_7 b_1 - a_1 b_7) + \frac{8}{3}(a_2 b_3 - a_3 b_2)$$
$$= 0 \tag{3-7c}$$

由式(3－6)和式(3－7)不难看出：

(1) 由于高阶非协调项 $\xi^2\eta$ 和 $\xi\eta^2$ 的存在，未经修正的单元即使是完全规则的，也将不能通过分片检验。

(2) $\int_{V^e} \frac{\partial \widetilde{N}_3}{\partial x_3'} \mathrm{d}V$ 和 $\int_{V^e} \frac{\partial \widetilde{N}_4}{\partial x_3'} \mathrm{d}V$ 均为零表明，对于满足前述几何假定的板壳结构而言，无需对单元在厚度方向的非协调应变进行修正。此外，数值试验也表明，若采用常规非协调实体单元的方法[36, 41]对非协调模式在各方向的偏导数均进行修正，则单元性能较差，收敛速度较慢。

自然坐标 ξ, η 和 ζ 对 x_i' 的偏导数在单元域内的积分同样可采用单元几何系数表达为

$$\int_{V^e} \frac{\partial \xi}{\partial x_1'} \mathrm{d}V = \frac{8}{3}(a_4 c_5 - b_5 c_4) + 8(b_2 c_3 - c_2 b_3) = 8 b_2 c_3 \tag{3-8a}$$

$$\int_{V^e} \frac{\partial \xi}{\partial x_2'} \mathrm{d}V = \frac{8}{3}(a_5 c_4 - a_4 c_5) + 8(a_3 c_2 - a_2 c_3) = -8 a_2 c_3 \tag{3-8b}$$

$$\int_{V^e} \frac{\partial \eta}{\partial x_1'} \mathrm{d}V = \frac{8}{3}(a_4 b_6 - b_4 c_6) + 8(b_3 c_1 - b_1 c_3) = -8 b_1 c_3 \tag{3-9a}$$

$$\int_{V^e} \frac{\partial \eta}{\partial x_2'} \mathrm{d}V = \frac{8}{3}(a_4 c_6 - a_6 c_4) + 8(a_1 c_3 - a_3 c_1) = 8a_1 c_3 \tag{3-9b}$$

为确保单元通过分片检验，可为各高阶非协调位移模式关于局部坐标的偏导数附加修正项。通过式(3-6)—式(3-9)不难看出，大部分附加修正项 c_{ik} 为零，除

$$c_{31} = -\frac{1}{3}\frac{\partial \eta}{\partial x_1'},\ c_{32} = -\frac{1}{3}\frac{\partial \eta}{\partial x_2'} \tag{3-10a}$$

$$c_{41} = -\frac{1}{3}\frac{\partial \xi}{\partial x_1'},\ c_{42} = -\frac{1}{3}\frac{\partial \xi}{\partial x_2'} \tag{3-10b}$$

若在单元刚度矩阵计算时，将 $\partial \tilde{N}_i / \partial x_k'$ 替换为 $\partial \tilde{N}_i / \partial x_k' + c_{ik}$，则分片检验条件可自动得到满足。

不难看出，上述修正方案等价于直接对高阶非协调位移模式进行修正，即采用下述高阶非协调位移模式：

$$\tilde{N}_3^* = \tilde{N}_3 - \frac{1}{3}\eta,\ \tilde{N}_4^* = \tilde{N}_4 - \frac{1}{3}\xi \tag{3-11}$$

本文的修正方法本质上与前述各类方法是一致的，均是通过修正单元常应变矩阵，强迫非协调单元通过分片检验。但与已有方法相比，采用了显式表达的修正项，无须进行数值体积积分，提高了单元刚度矩阵的计算效率。附加非协调位移模式后，单元刚度阵的计算除采用完全三维的本构关系外与第 2 章的退化板单元完全相同，不再赘述。

3.4　单元考核

为考察本章实体板单元的数值性能及适应性，对单元进行了分片检

验、特征值测试、网格畸变和收敛性测试，并与已有文献解答做了比较。

算例 1　常应力分片检验

考虑到本章构造的板元采用了完全的三维应力应变关系，可将其视为特殊的实体单元使用，且可采用三维实体单元的分片检验考题来考察其通过分片检验的能力。图 3－1 所示为单位长度立方体，为立方体表面的八个节点施加以下位移约束：

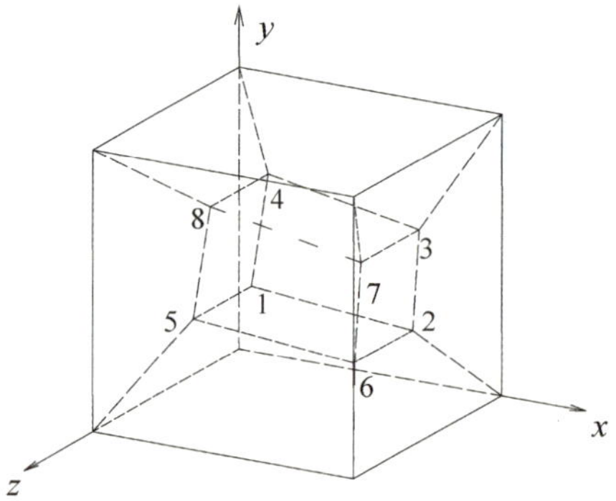

图 3－1　分片检验

$$u = 5 \times 10^{-4}(2x + y + z),$$
$$v = 5 \times 10^{-4}(x + 2y + z),$$
$$w = 5 \times 10^{-4}(x + y + 2z)$$

并采用 7 个单元进行剖分，除立方体中心位置单元外，其余单元均为协调的三维实体单元。该考题还可考查面内不规则板元在厚度方向同其他单元连接时通过分片检验的情况。

表 3－1 列出了中心位置单元分别为协调实体等参元 H8 和本文单元在修正前后的计算结果。可见，修正前单元不能通过常应力分片检验，修正后可通过分片检验。可以证明，由于非协调项 $\xi^2\eta$、$\xi\eta^2$ 的存在，未对非协调位移项进行修正的实体板元，即使采用规则网格也将不能通过该分片检验考题。

表 3-1　分片检验结果

中心单元类型	u_1	v_1	w_1
协调元 H8	0.524 0	0.590 5	0.563 5
本文[†]	0.510 8	0.578 9	0.551 7
本文[*]	0.524 0	0.590 5	0.563 5
精确解	0.524 0	0.590 5	0.563 5

注：† 本文单元修正前结果；
　　* 本文单元修正后结果。

算例 2　特征值测试

对单位长度的立方体，采用 2×2×2 积分方案进行特征值测试。经计算，单元无多余零能模式。

算例 3　网格畸变测试

为考查网格发生几何畸变时单元数值性能的变化，对均布荷载作用下的 1/4 简支方板采用图 3-2 所示畸形网格进行分析。其中，坐标轴 x 和 y 为对称轴，材料常数取为 $E=10.92$，$\nu=0.3$。

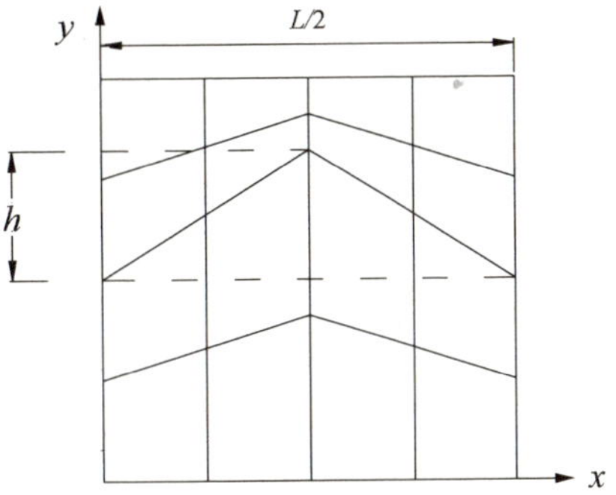

图 3-2　1/4 方板的网格畸变试验

图 3-3 给出了网格畸变参数 $\Delta=4h/L$ 的量值变化对不同厚跨比的简支方板中心点挠度影响。不难看出：单元对中厚板的网格畸变不敏感，但对采用严重畸形网格划分的极薄板（$t/L=0.01$），不能完全克服剪切锁闭，随着网格畸形程度的增加，单元性能劣化。对桥梁工程中板的厚跨比而言，单元对网格的畸变并不敏感，即使采用高度畸形网格也可获得较满意的解答。

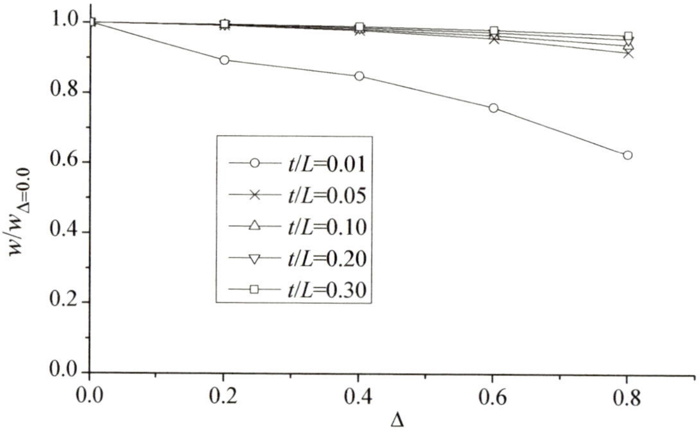

图 3－3 几何畸变参数 Δ 对中心挠度解的影响

算例 4 收敛性测试

边长为 a、厚度为 h 的周边简支方板承受均布荷载 q 作用。利用结构对称性，取 1/4 结构分析。沿厚度方向划分 1 个单元，长度和宽度方向单元尺度相同。为方便起见，定义无量纲中心点挠度 w_c 为计算值与薄板理论解的比值。表 3－2 给出了不同板厚条件下网格细化的 w_c 计算结果。表中网格 $K\times K$ 代表 1/4 结构对应的单元数。

表 3－2 简支方板计算结果

h/a	厚板解[82]	精确解[81]	文献[92]	本文		
			8×8	2×2	4×4	8×8
0.01	1.000	—	1.003	0.973	0.996	1.001
0.05	1.013	1.054	1.046	0.992	1.020	1.035
0.10	1.051	1.129	1.119	1.047	1.086	1.108
0.14	1.101	1.202	1.191	1.113	1.157	1.181
0.20	1.207	1.333	1.319	1.241	1.289	1.311
0.30	1.466	—	1.589	1.523	1.567	1.584

算例 5　剪切锁闭测试

算例 3 的网格畸变测试表明，与位移与转动独立插值的 Mindlin 板单元一样，单元在严重畸形网格下不能完全克服薄板剪切锁闭。为考察单元在规则网格划分时克服剪切锁闭的能力，对图 2－5 所示中心承受集中荷载的周边固支矩形薄板进行分析。分别计算长宽比 b/a 为 1.0 和 5.0 时板的中心挠度，并与已有文献结果进行比较，相对精确解的归一化结果列于表 3－3 和表 3－4。

表 3－3　固支矩形板归一化解答(b/a =1.0)

网格	XSOLID82	XSOLID85	H11	SOLSH190	文献[29]	本文
2×2	0.866	0.866	0.019	0.866	0.472	0.856
4×4	0.973	0.966	0.246	0.966	0.969	0.962
6×6	0.989	0.985	0.614	0.985	—	0.984
8×8	0.995	0.993	0.824	0.993	—	0.992

注：精确解为 5.60×10^{-6}。

表 3－4　固支矩形板归一化解答(b/a=5.0)

网格	XSOLID82	XSOLID85	H11	SOLSH190	文献[29]	本文
2×2	0.321	0.319	0.006	0.319	0.487	0.314
4×4	0.850	0.826	0.083	0.826	0.903	0.808
6×6	0.927	0.912	0.246	0.912	—	0.901
8×8	0.957	0.944	0.414	0.944	0.971	0.939
16×16	0.989	0.986	0.846	0.986	—	0.983

注：精确解为 7.23×10^{-6}。

从表 3－3 和表 3－4 分析结果来看，本章的实体板元计算精度略逊于第 2 章的非协调实体退化板元。但在系统自由度相当的情况下，采用较疏的网格求解时，计算精度优于文献[29]中的 16 节点实体退化板元。

算例 6　圆板弯曲

为考察本文单元同采用 ANS 方法克服厚度锁闭的 EAS 固壳元在数值性能上的差别，分析图 3-4 所示承受均布单位荷载的简支圆板。其中，弹性模量 $E=10.92$，泊松比 $\nu=0.3$，板厚 $t=0.01$，圆板半径 $R=5.0$。不同单元的计算结果见表 3-5。

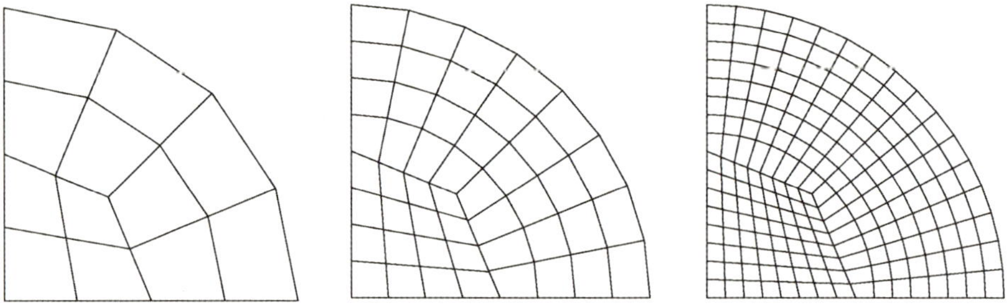

图 3-4　简支圆板

图 3-4 所示网格可用于检验单元在高度畸形网格下克服剪切锁闭的能力。其中，Simo 等[24]构造的板元为基于 Mindlin-Reisnner 理论的 EAS 板元，Piltner 构造的单元为含 8 个单元内部自由度的 EAS 板元[93]。由表 3-5 中的解答可见，本文单元同 Simo 等和 Pilter 等构造的单元计算精度较为接近，均略逊于 T1 单元。但所有单元在图 3-4 所示网格下均未显示出严重的剪切锁闭趋势。

表 3-5　圆板中心挠度

单元数	中心挠度 $w/10^4$				
	Simo [24]	Piltner [93]	T1 [24]	本　文	级数解
12	3.696 6	3.730 6	3.907 0	3.719 1	3.983 1
48	3.914 0	3.911 1	3.964 9	3.912 0	3.983 1
192	3.966 4	3.964 9	3.978 9	3.964 3	3.983 1
768	3.979 1	3.978 3	3.982 2	3.978 5	3.983 1

3.5 本章小结

（1）本章构造的板元允许采用三维应力应变本构关系，对需要获得构件三维应力状态，考虑桥面板的法向应力问题，该单元更为适用。

（2）通过假定板的法向位移 w' 沿厚度方向二次分布，获得了沿板厚线性变化的法向应变，无需采用 ANS 方法便可以克服单元厚度泊松锁闭，程序实现十分简单。

（3）显式表达的高阶非协调模式修正项，避免了常规修正方法的数值体积积分，提高了单元刚度矩阵的计算效率。

第4章

非协调壳单元

4.1 概　　述

薄壁箱形截面由于整体性好，抗扭刚度大等优点，已被广泛用于大跨度桥梁结构。然而，由于箱梁受力行为的复杂性和特殊性，已有分析理论始终存在计算精度和计算效率的矛盾。目前，许多学者已经对薄壁结构做了大量研究[94-104]。Reissner[94]假定纵向位移分量沿横截面呈抛物线分布，采用能量方法研究了双向对称矩形薄壁箱梁的剪力滞效应。Tesar[95]利用有限元法和传递矩阵法分析了薄壁箱梁桥的剪力滞效应，为考虑宽翼缘区域外围纤维的法向刚度损失，附加了非线性扇形函数。Kristek 等[96]和 Evans 等[97]则采用折板理论分析箱梁结构。通常，这些方法仅适用于等截面箱梁分析。

罗旗帜等[98-103]采用有限段元法和模型试验方法对箱梁结构的剪力滞效应进行研究。相对于初等梁理论，有限段元法计入了截面本身的局部变形特征，改善了箱梁计算精度。但这类方法仅适用于特定断面，对工程设计中形式各异的截面适应性较差。

为克服梁段元法的不足，倪元增等[104]提出板元模式段元法，该方法对箱梁的每片板元建立各自独立的插值函数。板元模式段元法不受截面形式限制，较梁段元法有一定进步。但考虑到箱梁的弯曲变形特性受荷载作用位置影响较大，当假定的位移模式与实际变形特性存在差异时将难以得到满意的解答。

吴再新[6]基于平板壳元的基本假定，采用亚参单元方法，通过选择适合箱梁结构受力特征的位移模式推导了箱梁腹板、翼板单元的刚度矩阵，提出了箱梁结构分析的板元解析法。其后，基于板元解析法基本假定，通过分析各自由度对计算精度的影响，对位移插值模式进行改进，提出箱梁解析计算方法——板段元法。与有限段法和板元模式段元法相比，板元解析法和板段元法的适用性更强，但其计算模型的系统自由度数较多，对计算机性能要求较高。采用板段元法在分析箱梁结构时，翼板采用 6 节点板元剖分，而腹板采用 4 节点板元剖分，有限元列式不统一，为程序实现和网格划分带来困难。此外，横向荷载作用下，翼板与腹板的变形特性恰与竖向荷载作用下相反。采用板段元法分析横向荷载效应时，为反映腹板的横向弯曲，对腹板更适宜采用 6 节点板元分析，不同荷载条件对网格划分的要求不一致。

数值实验表明，本文前面构造的两类板元虽然可很好地考虑板的面外弯曲，但因板的面内位移分量仅采用线性位移插值，导致其面内弯曲偏于刚硬，用于箱形截面桥梁或 T 形截面桥梁分析时，沿高度方向必须剖分多个单元才能满足精度要求。

本章将为前文板元的面内位移分量 u' 和 v' 分别附加非协调位移，使单元适用于箱形截面桥分析。此外，为考查单元在动力分析中的性能，根据质量等效原理推导了单元一致质量矩阵，并采用逆迭代法求解了桥梁结构的固有频率和模态。

4.2 单元刚度矩阵

为描述箱梁各板件的变形特点，分别为局部坐标系下的位移分量 u'，v' 引入以下非协调位移：

$$\begin{aligned}\tilde{u}' &= \tilde{N}_2 \tilde{d}_5 \\ \tilde{v}' &= \tilde{N}_1 \tilde{d}_6\end{aligned} \tag{4-1}$$

面外位移分量 w' 所附加的非协调位移与第 2 章的实体退化板元一致。若需要考虑板壳的法向应力，则 w' 的非协调位移可采用第 3 章的实体板元插值形式。为简单起见，本章仅以退化元为例，采用第 2 章的非协调位移插值模式。面内位移分量 $\tilde{u}'$ 和 $\tilde{v}'$ 中的非协调位移模式可用于改善板的面内弯曲。需要指出，式(4－1)的非协调位移模式也可根据面外和面内位移插值阶次的匹配关系得到，不再详述。

附加式(4－1)的非协调位移后，单元更适合描述箱梁结构的变形：竖向弯曲时，w' 可描述顶、底板的变形，u' 和 v' 可描述腹板变形；横向弯曲时，w' 可模拟腹板变形，而 u' 和 v' 可模拟顶、底板的面内变形。为确保单元通过常应力分片检验，为面内位移分量 u' 和 v' 附加非协调位移后可直接采用 Taylor 等[36]的方法进行单元应变位移矩阵的计算，详见第 3 章 3.3 节。

现将前面构造的非协调实体退化板单元、考虑三维应力状态的非协调实体板元和适合箱梁结构分析的非协调实体(退化)壳元的刚度矩阵计算做简单总结。为简化描述，以下推演均以非协调实体退化壳元为例进行。

利用式(2－15)将式(4－1)中局部坐标系下的非协调位移转化到整

体坐标系下：

$$\tilde{\boldsymbol{u}}=\boldsymbol{T}\cdot\{\,u'\ v'\ w'\}^{\mathrm{T}}=\tilde{\boldsymbol{N}}\cdot\tilde{\boldsymbol{d}} \tag{4-2}$$

式中

$$\tilde{\boldsymbol{N}}=\begin{bmatrix} l_{x'}\tilde{N}_2 & l_{y'}\tilde{N}_1 & l_{z'}\tilde{N}_1 & l_{z'}\tilde{N}_2 & l_{z'}\tilde{N}_3^* & l_{z'}\tilde{N}_4^* \\ m_{x'}\tilde{N}_2 & m_{y'}\tilde{N}_1 & m_{z'}\tilde{N}_1 & m_{z'}\tilde{N}_2 & m_{z'}\tilde{N}_3^* & m_{z'}\tilde{N}_4^* \\ n_{x'}\tilde{N}_2 & n_{y'}\tilde{N}_1 & n_{z'}\tilde{N}_1 & n_{z'}\tilde{N}_2 & n_{z'}\tilde{N}_3^* & n_{z'}\tilde{N}_4^* \end{bmatrix},$$

$$\tilde{\boldsymbol{d}}=\{\,\tilde{d}_5\ \tilde{d}_6\ \tilde{d}_1\cdots\ \tilde{d}_4\}^{\mathrm{T}}$$

其中，$\tilde{N}_3^*=\tilde{N}_3-\dfrac{1}{3}\eta$，$\tilde{N}_4^*=\tilde{N}_4-\dfrac{1}{3}\xi$。

因此，非协调应变矢量 $\tilde{\boldsymbol{\varepsilon}}$ 可表达为

$$\tilde{\boldsymbol{\varepsilon}}=\boldsymbol{L}\tilde{\boldsymbol{u}}=\tilde{\boldsymbol{B}}\ \tilde{\boldsymbol{d}} \tag{4-3}$$

为确保分片检验的满足，计算上式中的应变位移矩阵时，非协调位移模式 $\tilde{N}_1$ 和 $\tilde{N}_2$ 的偏导数计算需在单元中心进行。

单元内任意点的协调应变可利用单元节点自由度表达为

$$\hat{\boldsymbol{\varepsilon}}=\boldsymbol{L}\hat{\boldsymbol{u}}=\hat{\boldsymbol{B}}\hat{\boldsymbol{d}} \tag{4-4}$$

将式(4-3)、式(4-4)代入单元平衡方程(2-5a)，可得

$$\int_V(\delta\hat{\boldsymbol{d}}^{\mathrm{T}}\cdot\hat{\boldsymbol{B}}^{\mathrm{T}}+\delta\,\tilde{\boldsymbol{d}}^{\mathrm{T}}\cdot\tilde{\boldsymbol{B}}^{\mathrm{T}})\cdot\boldsymbol{D}\cdot(\hat{\boldsymbol{B}}\cdot\hat{\boldsymbol{d}}+\tilde{\boldsymbol{B}}\cdot\tilde{\boldsymbol{d}})\mathrm{d}V$$

$$=\int_V(\delta\hat{\boldsymbol{d}})^{\mathrm{T}}\cdot\boldsymbol{N}^{\mathrm{T}}\cdot\boldsymbol{f}\mathrm{d}V+\int_{\Gamma_\sigma}(\delta\hat{\boldsymbol{d}})^{\mathrm{T}}\cdot\boldsymbol{N}^{\mathrm{T}}\cdot\boldsymbol{t}\mathrm{d}\Gamma \tag{4-5}$$

因此，单元刚度矩阵可表达为

$$\begin{bmatrix}\boldsymbol{K}_{uu} & \boldsymbol{K}_{ua}\\ \boldsymbol{K}_{au} & \boldsymbol{K}_{aa}\end{bmatrix}\cdot\begin{bmatrix}\hat{\boldsymbol{d}}\\ \tilde{\boldsymbol{d}}\end{bmatrix}=\begin{bmatrix}\boldsymbol{F}\\ \boldsymbol{0}\end{bmatrix} \tag{4-6}$$

式中

$$\boldsymbol{K}_{uu}=\int_V \hat{\boldsymbol{B}}^{\mathrm{T}}\cdot\boldsymbol{D}\cdot\hat{\boldsymbol{B}}\mathrm{d}V,\quad \boldsymbol{K}_{ua}=\boldsymbol{K}_{au}^{\mathrm{T}}=\int_V \hat{\boldsymbol{B}}^{\mathrm{T}}\cdot\boldsymbol{D}\cdot\tilde{\boldsymbol{B}}\mathrm{d}V$$

$$\boldsymbol{K}_{aa}=\int_V \tilde{\boldsymbol{B}}^{\mathrm{T}}\cdot\boldsymbol{D}\cdot\tilde{\boldsymbol{B}}\mathrm{d}V,\ \boldsymbol{F}=\int_V \boldsymbol{N}^{\mathrm{T}}\cdot\boldsymbol{f}\mathrm{d}V+\int_{\Gamma_\sigma}\boldsymbol{N}^{\mathrm{T}}\cdot\boldsymbol{t}\mathrm{d}\Gamma$$

式(4-6)中的内部自由度 $\tilde{\boldsymbol{d}}$ 可采用高斯消去方法进行凝聚，凝聚后得最终的单元平衡方程式：

$$\boldsymbol{K}^e\hat{\boldsymbol{d}}=\boldsymbol{F} \tag{4-7}$$

式中，$\boldsymbol{K}^e=\boldsymbol{K}_{uu}-\boldsymbol{K}_{ua}\cdot\boldsymbol{K}_{aa}^{-1}\cdot\boldsymbol{K}_{au}$。

需要指出，对含内位移 $\tilde{\boldsymbol{u}}$ 的非协调元，在计算单元内已知分布体力或单元表面上已知分布面力所产生的等效节点荷载时，不应计入非协调模式 $\tilde{N}_i$ 的影响，否则将破坏单元节点荷载与原分布荷载的等效关系。类似地，动力分析中单元质量矩阵的计算也遵循上述规则。

4.3 单元节点应力

与基于 EAS 方法或杂交应力方法构造的固壳元不同，本文壳元本质上仍属于位移元，其理论基础为一类变量变分原理。在位移元中首先求得的是节点位移，然后由几何方程和本构关系求得应力，所以位移解精度高于应力解。在单元内位移不参与等效节点荷载计算的前提下，计入非协调位移 $\tilde{\boldsymbol{u}}$ 对单元应力的贡献将有益于改善单元内的应力分布和精度。通常，合理地附加 $\tilde{\boldsymbol{u}}$ 将提高协调位移场 $\hat{\boldsymbol{u}}$ 的完备阶次，也就提高了单元应力场的完备阶次。

当单元位移 $\boldsymbol{u}$ 含有整体或局部坐标下的不完备高阶部分时，对应的非协调元应力分布往往是不合理的。经验表明，高斯积分点上算得的应力往往具有较高精度，而节点应力计算精度最低[69]。实际工程中感兴趣的一般是边缘和节点上的应力，为克服边缘或节点上的应力不连续和精度较差等缺点，应当以单元高斯点求得的最佳应力值为准进行外推处理并进行一定整理，以确定单元各节点的应力值。

最简单的处理应力结果的方法是取相邻单元或围绕节点各单元应力的平均值。应注意，这样得到的节点应力是围绕该节点的有限区域内的应力平均值，这种处理方法对于本文单元并不能从根本上改善节点应力精度差的问题。为此，我们采用应力修匀法由高斯点应力外推节点应力，见图 4-1。

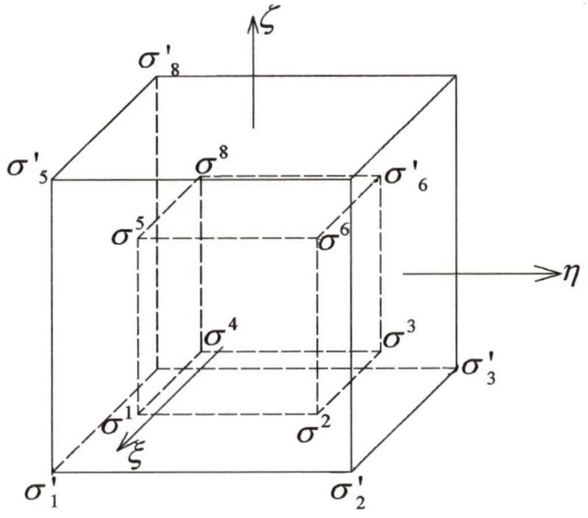

图 4-1　高斯点应力外推

因单元节点应力的各个分量的应力修匀过程是相同的，本文以 σ 代表应力矢量的任一分量。设修匀后单元的节点应力为 σ'_1，σ'_2，…，σ'_8，单元内任意点的应力可用形函数插值表示为

$$\sigma' = \sum_{i=1}^{8} \hat{N}_i \sigma'_i \tag{4-8}$$

式中，$\hat{N}_i$ 为单元应力插值函数，文中取与协调位移形函数相同的形式。

单元内任意点修匀应力与未修匀应力的偏差为

$$\delta=\sigma-\sigma' \tag{4-9}$$

修匀后的应力应尽可能使得 δ 在单元内尽可能小。考虑到单元高斯点的应力计算值较为准确，若偏差 δ 在高斯点处很小，则可以认为修匀后的应力是合理的。本文在采用高斯积分方法计算单元刚度矩阵时采用 $2\times2\times2$ 积分法则，共有 8 个积分点，记第 k 个高斯积分点位置的偏差为 δ^k，根据式(4－8)、式(4－9)有

$$\delta^k=\sigma^k-\sum_{i=1}^{8}\hat{N}_i(\xi_k,\ \eta_k,\ \zeta_k)\cdot\sigma'_i,\ k=1,\ 2,\ \cdots,\ 8 \tag{4-10}$$

式中，ξ_k，η_k，ζ_k 分别为第 k 个高斯积分点的自然坐标。为使得偏差 δ 在高斯点处最小，要求

$$\delta^k=0,\ k=1,\ 2,\ \cdots,\ 8 \tag{4-11}$$

本文单元共有 8 个积分点，可提供 8 个线性方程，因此可解得单元的节点修匀应力 σ'_1，σ'_2，$\cdots$，σ'_8 为

$$\begin{Bmatrix}\sigma'_1\\ \sigma'_2\\ \sigma'_3\\ \sigma'_4\\ \sigma'_5\\ \sigma'_6\\ \sigma'_7\\ \sigma'_8\end{Bmatrix}=\frac{3}{8}\begin{bmatrix}a & b & c & b & b & c & d & c\\ & a & b & c & c & b & c & d\\ & & a & b & d & c & b & c\\ & & & a & c & d & c & b\\ & \text{对} & & & a & b & c & b\\ & & & \text{称} & & a & b & c\\ & & & & & & a & b\\ & & & & & & & a\end{bmatrix}\begin{Bmatrix}\sigma^1\\ \sigma^2\\ \sigma^3\\ \sigma^4\\ \sigma^5\\ \sigma^6\\ \sigma^7\\ \sigma^8\end{Bmatrix} \tag{4-12}$$

式中

$$a=(1+\sqrt{3})\left(1+\frac{\sqrt{3}}{3}\right)^2,\ b=(1-\sqrt{3})\left(1+\frac{\sqrt{3}}{3}\right)^2$$

$$c=(1+\sqrt{3})\left(1-\frac{\sqrt{3}}{3}\right)^2,\ d=(1-\sqrt{3})\left(1-\frac{\sqrt{3}}{3}\right)^2$$

按上述方法求得的相邻单元在同一个节点处的修匀应力可能不同，可把相关单元求得的改进节点应力值再取平均作为最后的节点应力值，不再详述。一般情况下，采用单元的局部应力磨平处理可以得到很好的结果，而计算量相对总体应力磨平方法也小得多，因此得到了广泛应用。

4.4　单元质量矩阵

对含内位移的非协调元而言，计算单元质量矩阵时不应计入非协调模式 $\tilde{N}_i$ 的影响，其一致质量阵的表达形式与协调实体等参元相同：

$$\boldsymbol{M}^e=\int_{V^e}\hat{\boldsymbol{N}}^{\mathrm{T}}\hat{\boldsymbol{N}}\rho\,\mathrm{d}V \tag{4-13}$$

式中，ρ 为单元质量密度。

若其质量矩阵计入了内部非协调位移的影响则计算出的单元质量与其真实质量不一致。根据协调位移形函数表达式，在单元内任意一点满足：

$$\sum_{i=1}^{8}\hat{N}_i=1 \tag{4-14}$$

式中，$\hat{N}_i$ 为单元协调位移采用的形函数。本文单元每个节点仅有 3 个平动自由度，因此单元质量矩阵所有元素和的三分之一即为单元物理质量。若计入非协调位移模式 $\tilde{N}_i$ 的影响，则单元质量为

$$m^e = \sum_{i=1}^{8}\sum_{j=1}^{8}\int_{V^e}\rho \hat{N}_i \hat{N}_j \mathrm{d}V + \sum_{k=1}^{6}\sum_{l=1}^{6}\int_{V^e}\rho \tilde{N}_i \tilde{N}_j \mathrm{d}V \quad (4-15)$$

由式(4-14)可知，式(4-15)的第一项即为单元的物理质量。因此，计入非协调位移影响后由式(4-15)得到的单元质量将大于其真实质量，不满足质量等效。若不计入非协调位移模式 $\tilde{N}_i$ 的影响，则得到的单元质量将恰为单元真实质量，符合质量等效。因此，由式(4-13)计算单元一致质量阵是合理的。不难看出，单元一致质量阵的计算与体积力等效节点力和面力等效节点力的计算相似。

求得单元刚度矩阵和单元质量矩阵后，结构的振动分析可归结为求解特征方程：

$$(\boldsymbol{K}-\omega^2\boldsymbol{M})\{\boldsymbol{\delta}\}=0 \quad (4-16)$$

式中，$\boldsymbol{K}$ 和 $\boldsymbol{M}$ 分别为系统的整体刚度阵和质量阵，分别由单元刚度阵和单元一致质量阵组集得到。本文采用逆迭代法求解式(4-16)的特征值问题。

4.5 程序实现

根据 4.2 节非协调实体退化板壳单元的有限元列式，可编制相应的有限元分析程序。单元刚度矩阵计算的程序实现见图 4-2。

本文单元刚度矩阵是通过数值积分求出的。有限元计算中通常有两种不同的数值积分方案，一类方法的积分点是等间距的，即 Newton-Cotes 积分法；另一类积分方案中，积分点不是等间距分布的，即高斯积分法。可以证明，对 n 个积分点 Newton-Cotes 积分可达到的精度是 $n-1$ 阶多项式，误差为 $O(h^n)$，h 为积分间距；高斯积分可达到

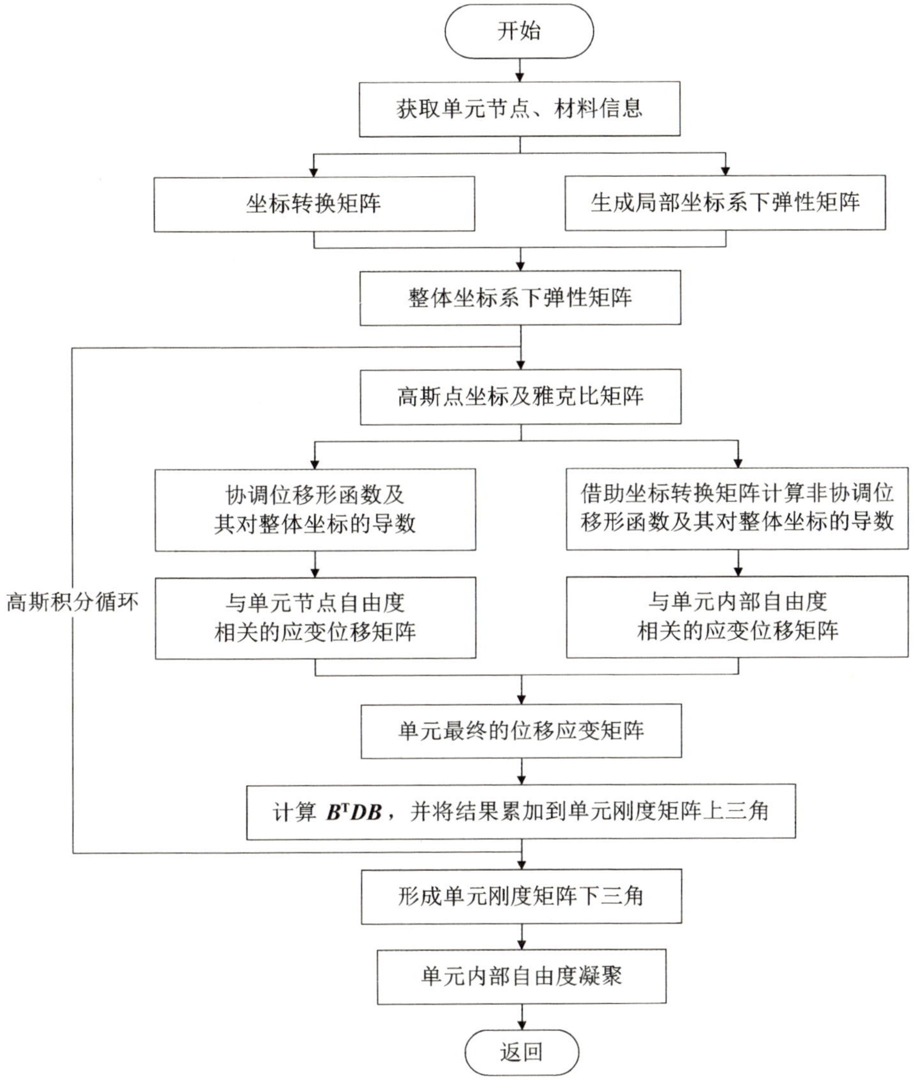

图 4-2　单元刚度矩阵计算流程

$2n-1$ 阶多项式的精度，误差是 $O(h^{2n})$。因为高斯积分方法可以用较少的积分点达到较高的计算精度，从而节省计算机时，本文即采用该方法。

高斯积分过程中，必须针对具体问题选择合适的积分阶次，以确保在必要的计算精度下，尽可能降低积分阶次。由于高阶非协调位移模式 $\widetilde{N}_3^*$ 和 $\widetilde{N}_4^*$ 的附加，本文单元刚度矩阵要得到精确的积分结果，应当在面内方向采用 3×3 高斯积分，但实际选取的高斯积分点数低于精确积分的要求，即在面内方向采用了 2×2 的高斯积分规则。数值计算表明：采用上述积分方案可以得到较完全精确积分更好的精度。由于平衡方程存在唯一解的条件是刚度矩阵的逆矩阵存在，即引入边界条件后，刚度矩阵必须是非奇异的，或满秩的。为考察本文单元采用上述高斯积分方案后是否存在多余零能模式，对采用该积分方案的单元进行了特征值测试。计算表明，采用上述积分方案时，单元并不存在多余零能模式。

需要指出，图 4-2 中单元内部自由度的凝聚过程并不是按式(4-7)的矩阵运算进行的，而是利用高斯-约当消去法进行消元运算，本文单元具有 6 个单元内部自由度，只需对式(4-6)进行 6 次消去运算便可得到方程：

$$\begin{bmatrix} \boldsymbol{K}^e & 0 \\ \boldsymbol{K}_{\alpha u}^* & \boldsymbol{I} \end{bmatrix} \cdot \begin{bmatrix} \hat{\boldsymbol{d}} \\ \widetilde{\boldsymbol{d}} \end{bmatrix} = \begin{bmatrix} \boldsymbol{F} \\ \boldsymbol{0} \end{bmatrix} \tag{4-17}$$

式中，$\boldsymbol{K}^e$ 就是式(4-7)中凝聚后的单元刚度矩阵，$\boldsymbol{K}_{\alpha u}^* = \boldsymbol{K}_{\alpha\alpha}^{-1}\boldsymbol{K}_{\alpha u}$。根据式(4-17)，在求得单元节点位移后，可得单元内部自由度为

$$\widetilde{\boldsymbol{d}} = -\boldsymbol{K}_{\alpha u}^*\hat{\boldsymbol{d}} = \boldsymbol{K}_{\alpha\alpha}^{-1}\boldsymbol{K}_{\alpha u}\hat{\boldsymbol{d}} \tag{4-18}$$

为避免在单元节点应力求解中重复计算单元刚度矩阵和进行内部自由度凝聚，本文在单元内部自由度凝聚后将凝聚后的单元刚度矩阵存储下来，以供单元应力计算使用。求解得到单元节点位移后，采用 4.3 节所述应力修匀方法可求得单元节点应力，程序实现见图 4-3。

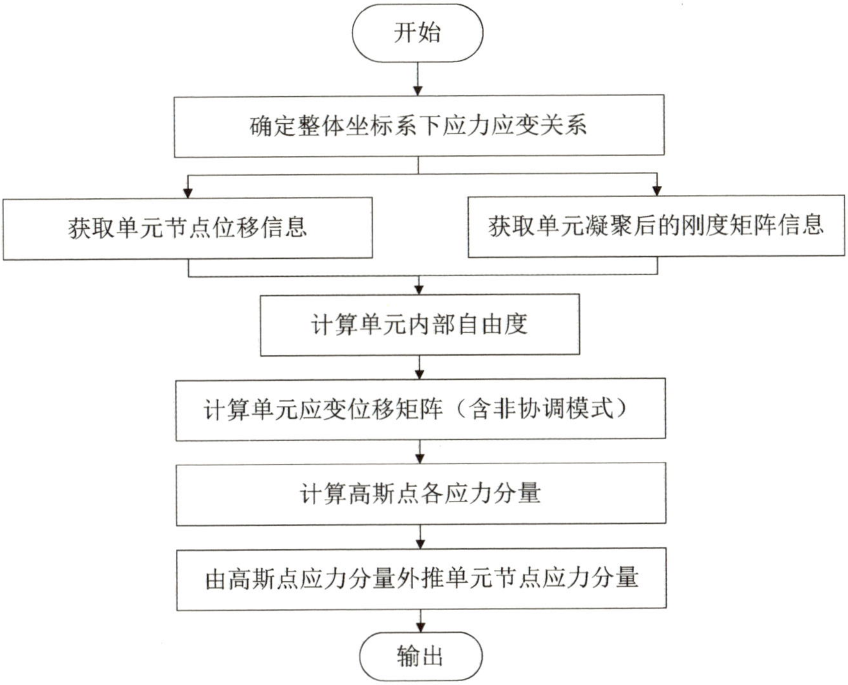

图 4－3　节点应力计算流程

4.6　单 元 考 核

本节将首先利用经典板壳单元算例对构造的单元进行基本性能测试，其后将该单元分别用于桥梁结构的动力特性分析、剪力滞分析和约束扭转分析。

4.6.1　单元基本性能测试

经测试，单元可严格通过常应力膜分片检验和常弯曲弱式分片检验，可确保数值解答的收敛性。此外，还对单元的特征值做了分析，计算表明单元在采用 2×2×2 高斯积分方案时无多余零能模式。限于篇幅，上述结果不再列出。

算例 1　畸形网格下承受均布荷载的固支方板

四边固支方板，承受均布荷载 q 作用，板的厚跨比 t/L 为 0.05～0.20。对整体方板采用图 4-4 所示高度畸形的不规则网格进行分析，整板共划分 320 个单元。表 4-1 给出了不同厚跨比时不同板壳单元得到的中心点挠度相对薄板理论解的归一化解答。需要指出，表 4-1 所列出的参考解答为 Srinivas[81]得到的三维精确解答。

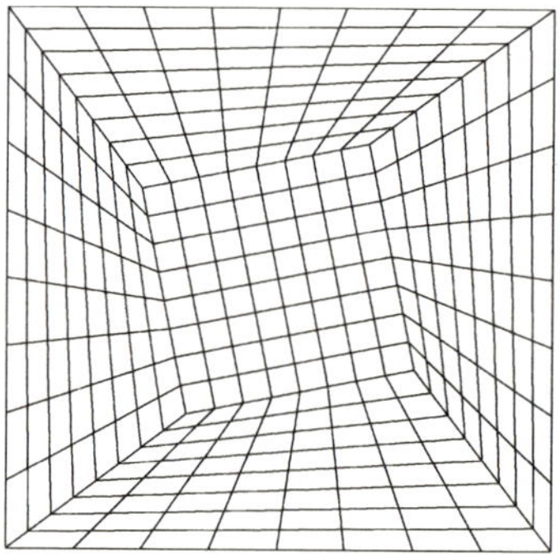

图 4-4　方板不规则网格

表 4-1　周边固支板中心挠度归一化解答

单元类型	厚跨比 t/L							
	0.05		0.10		0.14		0.20	
	解答	误差	解答	误差	解答	误差	解答	误差
MITC4	1.055	0.38%	1.175	1.01%	1.321	2.37%	1.622	4.25%
SOLSH190	1.160	10.37%	1.302	9.69%	1.472	8.80%	1.819	7.38%
本　文	1.040	1.05%	1.241	4.55%	1.408	3.32%	1.732	2.24%
参考解[81]	1.051	—	1.187	—	1.353	—	1.694	—

注：误差 $=\left(\dfrac{\text{计算值}}{\text{精确解}}-1\right)\times 100\%$。

可以看出，在给定的厚跨比范围内，本文单元在畸形网格划分时显示了比 Bathe 等[105]基于混合插值法构造的退化壳元 MITC4 和基于 EAS 与 ANS 方法构造的实体壳单元 SOLSH190 更好的性能。该考题中，MITC4 单元在板相对较薄时给出了相当精确的结果，但是随着板厚的增加计算精度不断降低；SOLSH190 单元则给出了偏柔的数值解答。

算例 2　圆形薄板的弯曲

采用本章构造的单元对 3.4 节给出的圆板弯曲问题进行分析，分析结果见表 4－2。不难看出，为面内位移引入非协调模式后，进一步改善了单元克服剪切锁闭的能力。

表 4－2　圆板中心挠度

单元数	中心挠度 $w/10^4$				
	Simo [24]	Piltner [93]	T1 [24]	实体板元	本章壳元
12	3.696 6	3.730 6	3.907 0	3.719 1	3.721 8
48	3.914 0	3.911 1	3.964 9	3.912 0	3.913 1
192	3.966 4	3.964 9	3.978 9	3.964 3	3.964 9
768	3.979 1	3.978 3	3.982 2	3.978 5	3.978 8

算例 3　曲梁

图 4－5 所示自由端承受单位竖向剪切荷载的曲梁可用于考核单元

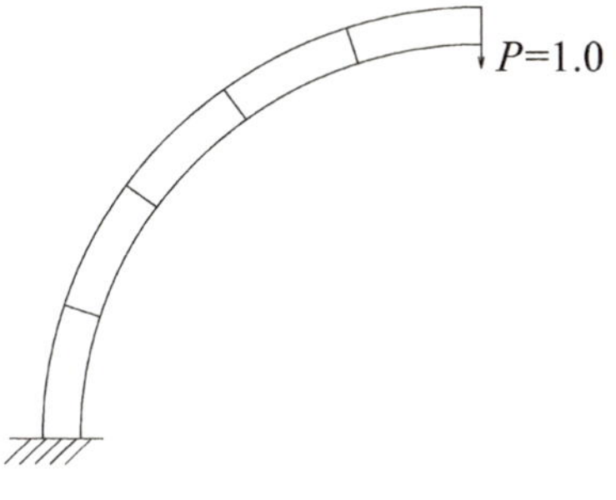

$E = 1.0\times10^7$
$\nu = 0.25$
$P = 1.0$
$t = 0.1$
内径 $r = 4.12$
外径 $R = 4.32$

图 4－5　曲梁

在厚度方向网格轻微不规则时的性能。表 4－3 给出了不同单元得到的自由端竖向挠度相对参考解的归一化结果。可见，本文单元同其他单元一样，对该问题可给出满意的解答。

表 4－3　曲梁自由端位移归一化解答

网　格	XSOLID82	XSOLID83	XSOLID85	H11	本　文
6×1×1	0.880	0.834	1.014	0.877	0.939
8×1×1	0.963	0.885	1.013	0.961	0.986
12×1×1	0.999	0.914	1.013	0.998	1.005

注：参考解为 0.087 34。

算例 4　夹持的半球壳

图 4－6(a)为含 18°孔的半球壳(1/4 模型)，可用于测试单元处理非张拉弯曲变形和刚体运动的能力，而图 4－6(b)所示的完整半球壳(1/4 模型)对测试高度畸形单元处理刚体运动模式的能力十分有效，许多壳单元会在该考题中产生寄生膜应变，导致较差的数值性能。加载点位移相对参考解的归一化结果列于表 4－4、表 4－5。不难看出，本文单元的收敛性令人满意。

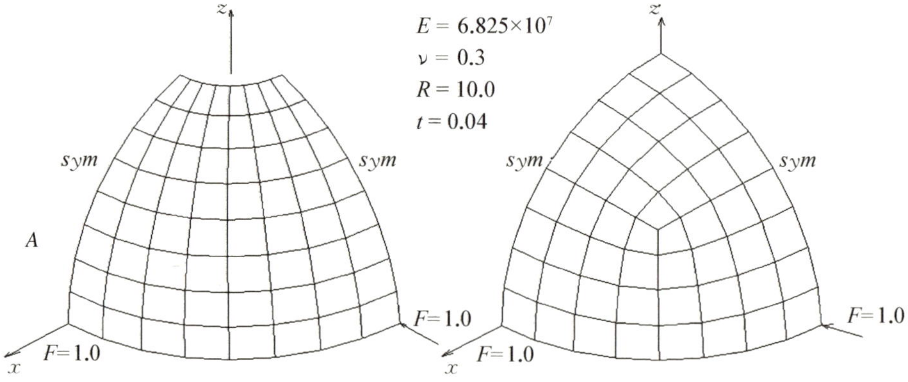

(a) 含 18°孔的半球壳　　(b) 完整的半球壳

图 4－6　夹持的半球壳

表 4-4　含孔半球壳归一化解答

网　格	归一化解答					
	XSOLID82	XSOLID83	H11	SOLSH190	ANS-$\gamma\varepsilon$	本文
4×4×1	0.041	0.089	0.012	1.055	1.042	0.117
8×8×1	0.745	0.863	0.184	1.003	0.997	0.888
10×10×1	0.907	0.949	0.354	0.998	0.992	0.957
16×16×1	—	—	0.746	0.994	—	0.989

注：参考解为 0.094。

表 4-5　完整半球壳归一化解答

网　格	归一化解答					
	XSOLID82	XSOLID83	H11	SOLSH190	ANS-$\gamma\varepsilon$	本文
4×4×1	0.037	0.085	0.009	1.076	1.023	0.087
8×8×1	0.711	0.845	0.131	1.012	1.007	0.795
16×16×1	0.991	0.992	0.693	0.998	0.998	0.988

注：参考解为 0.092 4。

算例 5　*Scordellis-lo roof* 壳

图 4-7 所示为承受自重荷载作用的屋壳，为板壳单元数值性能测试的又一典型考题，该考题要求单元具备较好的反映膜变形和弯曲变形

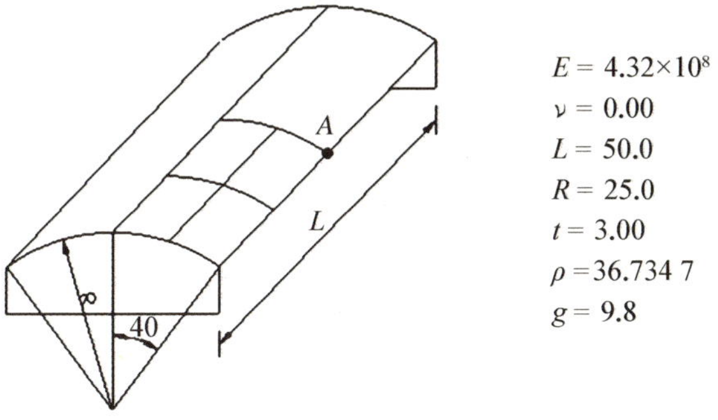

图 4-7　承受自重荷载的 *Scordellis-lo roof* 壳

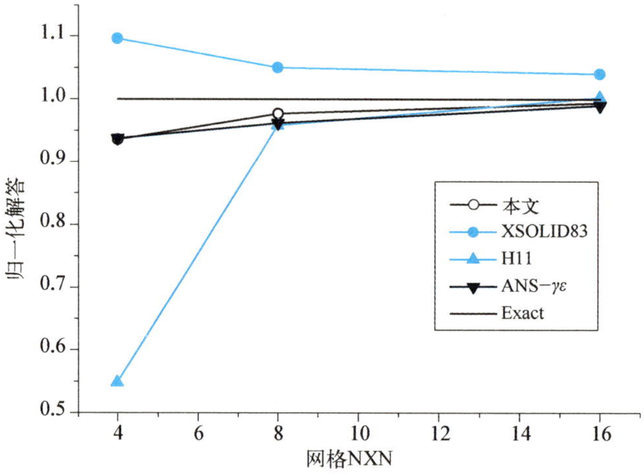

图 4-8 *Scordellis-lo roof* 壳的收敛性

的能力。考虑到结构的对称性,仅取 1/8 结构进行分析。图 4-8 比较了各种壳元的 A 点竖向位移解相对参考解(0.302 4)的归一化解答的收敛情况。结果表明,本章壳元能够合理地模拟曲面结构的变形分布,收敛性令人满意。

算例 6　扭曲的悬臂梁

为考察单元在扭曲网格下的性能,对图 4-9 所示矩形截面的悬臂梁进行分析。在悬臂梁的自由端分别施加面内和面外方向的单位荷载,计算自由端在各加载方向的变形。其中,悬臂梁的截面厚度考虑两种情况:$t=0.32$(厚),$t=0.0032$(薄)。梁厚 0.32 时,在面内和面外荷载作用下,加载点的位移参考解分别为 5.424×10^{-3} 和 1.754×10^{-3};梁厚 0.003 2 时,面内和面外荷载作用下加载点位移参考解答分别为 0.5256×10^{4} 和 0.1294×10^{4}。当梁的厚度极薄时,许多板壳单元(XSOLID82, XSOLID83 和 H11 等)都将不能给出该问题的正确解答。对该梁采用图 4-9 所示的 12×2×1 的网格进行离散,各类单元相对上述参考解答的归一化结果见表 4-6。不难看出,本文

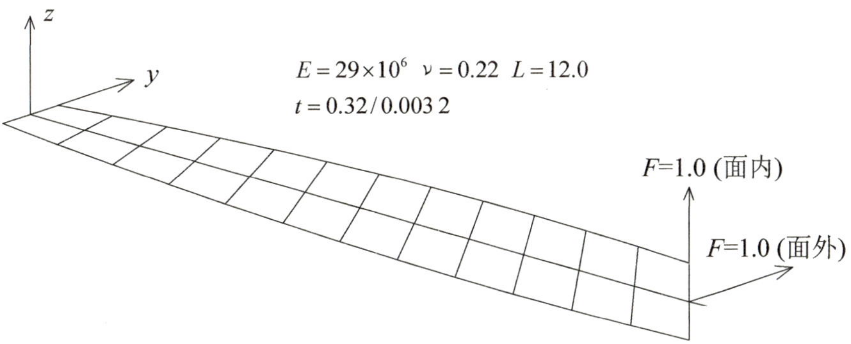

图 4-9　扭曲的悬臂梁

单元在厚薄两种情况下均可获得满意的解答，厚梁的解答精度尤其高。

表 4-6　扭曲悬臂梁归一化解答

单元类型	梁厚 $t=0.32$		梁厚 $t=0.003\,2$	
	面　内	面　外	面　内	面　外
XSOLD85	0.993	0.923	0.982	0.978
H11	0.992	0.986	0.025	0.020
ANS-$\gamma\varepsilon$	0.945	0.887	0.911	0.919
MITC4	0.986	0.917	0.975	0.970
本文	0.998	0.985	0.972	0.971

算例 7　对心加载圆柱壳

为进一步考核单元的厚薄通用性，采用标准的壳元考题——跨中对心加载圆柱壳进行分析，见图 4-10。计算中利用对称性，仅取壳的1/8 进行有限元离散。不同厚度柱壳的参考解答分别为，0.113 90/0.024 39（厚/薄）。表 4-7 列出了两端自由时厚薄不同的两种圆柱壳的结果。可见，本文单元对厚、薄壳均适用，解的收敛性也令人满意。文献[14]中的单元对厚壳可获得较好的计算精度和收敛性，但对薄壳则性能较差。

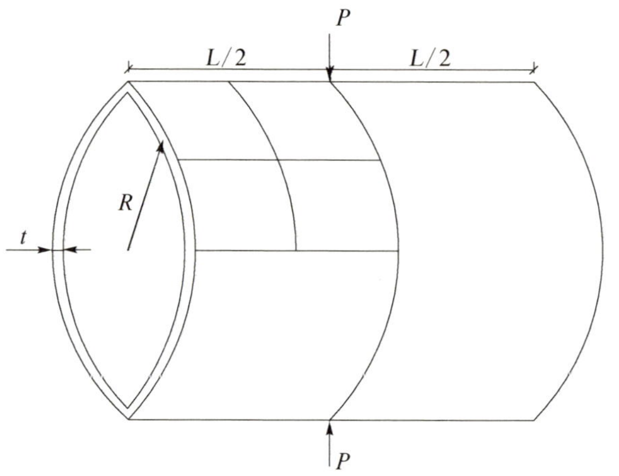

图 4-10 跨中对心加载厚薄圆柱壳

表 4-7 圆柱壳归一化解答

网格	厚壳			网格	薄壳		
	Cantin[14]	H11	本文		Cantin[14]	H11	本文
1×9×1	0.928	0.913	0.946	1×4×1	0.030	0.009	0.023
2×9×1	0.942	0.921	0.955	2×8×1	0.287	0.376	0.599
3×49×1	0.991	0.982	0.986	4×16×1	—	0.963	0.986

4.6.2 桥梁动力特性分析

目前,已有许多解析和数值的方法被应用于桥梁动力特性分析。其中,基于 Bernoulli-Euler 假定的梁理论最为简单[106],但不能考虑以箱梁扭转和畸变为主的振动。Huang 等[107]通过附加扭转和畸变自由度构造了薄壁梁单元,该单元对箱梁高阶振动误差较大。有限条法假定采用三次插值考虑箱梁横向变形对各阶振动的影响足够精确,已被用于箱梁振动分析[108-109],上述假定仅在采用大量样条分析时才能近似得到满足。折板理论也已被成功地用于箱梁自振分析[110]。此外,Hamed 等[4]将箱梁结构视为板和梁的组合构件,分别考虑板、梁各自的变形,并采用位移协调条件对板、梁进行组合,研究了箱梁结构的自由振动。

有限元法可直接用于箱梁桥动力特性分析,考虑到实体单元分析箱梁桥自由振动的计算代价,工程中常采用板壳单元进行分析[111-112]。经典板壳单元分析箱梁结构存在以下问题:基于中面构造的板壳元不能精确描述顶板与腹板、底板与腹板等交接位置的质量分布,高估了箱梁质量;箱梁桥中板的厚跨比往往不是一个定值,若采用薄板壳元分析将不能考虑横向剪切变形影响,若采用中厚板壳元分析将对薄壁箱梁不可避免出现剪切锁闭,两者均过高估计箱梁刚度。本章构造的壳元由于采用了实体几何描述,因而可精确描述桥梁质量分布,4.6.1 节的单元考核也反映了本文单元在刚度计算方面的性能。为进一步考核单元性能,下面将分别对等截面简支箱梁桥和变截面连续箱梁桥的动力特性进行分析。

算例 8　等截面简支箱梁桥动力特性分析

跨径为 45.72 m 的等截面简支箱梁,两端设置两道横隔板。材料性质参数为:弹性模量 27.793 GPa,泊松比 0.16,质量密度 2 570 kg/m^3,箱梁横截面尺寸如图 4-11 所示。为便于同文献[4, 107]的解答比较,假定横隔板面内刚度无穷大,且不考虑面外刚度,计算频率与振型见表 4-8 和图 4-12。本文方法只需 324 个节点,即可获得与参考解答相近的计算精度,所需系统自由度不足实体单元的 1/300。

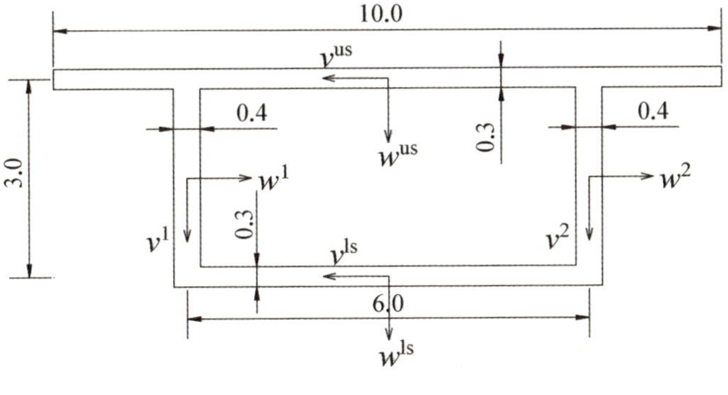

图 4-11　简支箱梁横截面 (单位: m)

表 4-8　简支箱梁自振频率

振　型	频率/Hz				
	Huang[107]	Hamed[4]	常规板壳元[92]	本文	参考解
一阶竖弯	3.220	3.172	3.408	3.163	3.100
一阶侧弯	6.644	6.294	6.427	6.256	6.134
二阶竖弯	12.963	12.067	11.288	10.698	10.963
一阶扭转	14.961	11.860	10.221	11.527	11.297

注：参考解采用系统自由度为 319 194 的八节点实体单元得到。

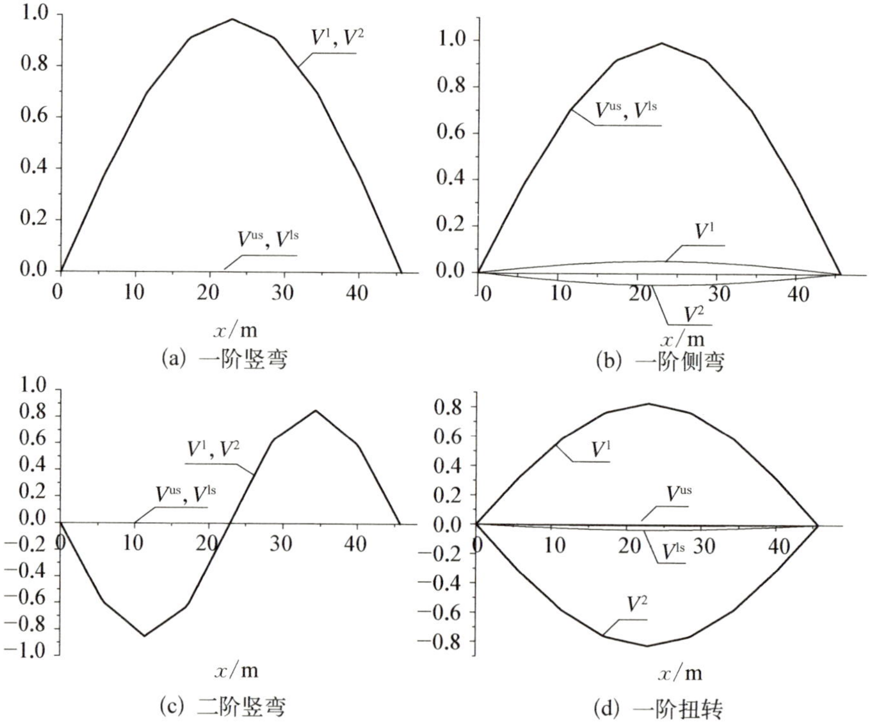

图 4-12　箱梁振动模态

不难看出，Huang[107]等用薄壁梁单元获得的高阶振动频率误差较大，Hamed 等[4]则给出了过高的二阶竖弯频率，其振动阶次出现在一阶扭转之后。此外,表 4-8 还列出了基于文献[92]方法构造的 4 节点平板壳元的解答。不难看出,尽管该单元高估了箱梁的质量特性,因其不能考虑横向剪切变形影响,仍得到了偏于刚硬的解答。由图 4-12 所示振动模态可见,箱梁的侧弯振动同扭转振动是耦合的。

算例 9　三跨变截面连续箱梁

为考察单元在变截面箱梁桥自振分析中的有效性,分析了三跨变截面连续箱梁桥的自振频率。图 4-13 给出了箱梁桥的几何尺寸,箱梁底板按二次抛物线 $y=4+0.0025x^2$ 变化。箱梁计算跨径总长为 178 m,在边跨端部和中跨跨中设置 6.0 m 的等高段。箱梁中间支座截面梁高 8 m,边跨端部和中跨中截面高度为 4.0 m。箱梁顶底板沿桥长为等厚度 0.6 m,腹板厚度为 0.8 m,直腹板箱梁的顶板宽度 36 m,底板宽度 20.8 m。弹性模量为 3.5×10^4 MPa,泊松比 0.16,质量密度2 500 kg/m^3。为考查横隔板对箱梁桥动力性能的影响,分析了设置横隔板和不设横隔板两种情况下箱梁桥的自振频率。对设置横隔板的箱梁桥,横隔板厚 0.8 m,共设 5 道,分别位于支座和跨中位置。

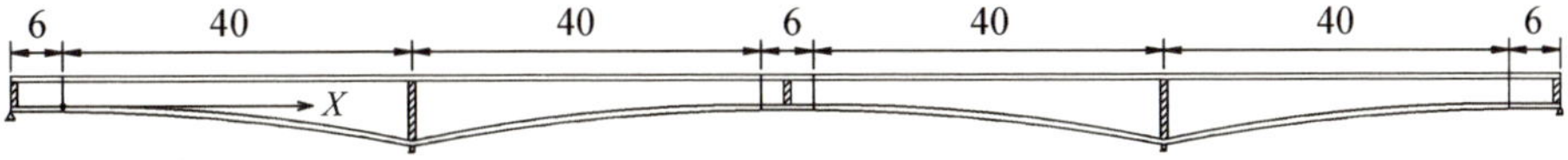

(a) 立面图

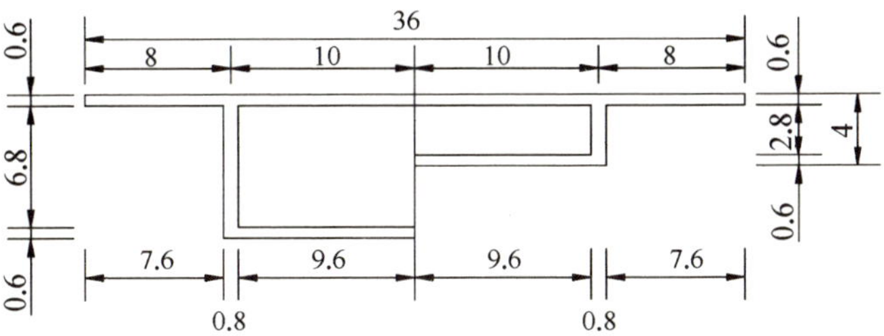

(b) 横截图

图 4-13　连续梁立面与横截面布置（单位：m）

箱梁桥自振频率见表 4－9。不难看出，设置横隔板后箱梁自振频率明显增大，并且对箱梁抗扭刚度的影响最为显著。表 4－9 给出的板壳元解答与参考解答均采用 30 多万系统自由度得到，而采用本文单元要得到相近精度的解答只需约 6 000 个系统自由度。

表 4－9　变截面箱梁自振频率

阶次	无横隔板频率/Hz			有横隔板频率/Hz		
	常规板壳元[92]	本文	参考解	常规板壳元[92]	本文	参考解
1	1.813	1.812	1.768	1.880	1.875	1.825
2	2.426	2.382	2.423	3.330	3.202	2.998
3	3.244	3.163	2.979	4.062	3.538	3.378
4	3.510	3.399	3.371	4.094	4.009	3.843
5	3.809	3.758	3.606	4.573	4.270	4.031

4.6.3　箱梁剪力滞分析

由于箱形截面梁的空间受力状态十分复杂，许多文献已采用不同的方法对其剪力滞效应进行了深入细致研究[94-104]。现有方法都不同程度地存在一定局限：变分法和差分法的计算比较烦琐；比拟杆法、有限段法对箱梁的变形做了较多理想化假设，有限条法则主要针对等截面梁，在变截面梁中的应用仍有一定困难；采用折板单元法，不仅划分的单元数目很多，而且用二维板元能否准确模拟翼板和腹板交接位置的几何形状，由此计算出的交接肋部的应力和应变状态是否能反映该处的真实受力和变形尚有待研究。另外，当板较厚时能否用上、下板中面的应力表现板上下表面的应力也值得进一步研究。因此，构造适用面广、简便易行，又有一定精度保证的方法用于箱梁剪力滞效应分析无疑具有重要的理论和实用意义。

目前，对箱梁桥应力分析的实验研究已开展较多，但模型实验多数限于等截面箱梁，截面高度变化的箱梁在实际桥梁结构中更为常见，其截面应力分布更值得关注。吴幼明等[98, 113]由此建立了三跨变截面连续箱梁的有机玻璃模型，并对该模型在特定荷载条件下的应力状态做了实验研究，并采用梁段有限元法对其做了理论分析。本节将借助其试验研究成果，对本文单元进行试验验证。

考虑跨径为 46 cm＋86 cm＋46 cm 的三跨变截面连续箱梁有机玻璃模型，其几何尺寸为图 4－13 所示桥梁的 1/100 缩尺模型。仅材料性质参数取有机玻璃的弹性模量 2.6 GPa 和泊松比 0.4。文献[113]在其试验中采用粘贴胶基应变片量测箱梁应变值，并分别在顶板和底板表面布置应变片，所得测试数据平均得到顶板的正应力实测值。试验考虑两种加载条件：其一，在中跨跨中顶板上正对腹板位置对称布置两个竖向集中荷载，数值为 137.33/2 N。其二，沿桥全长布置 500 N/m 的均布荷载。

针对该模型的几何特征，半桥纵向划分 16 分段，横向考虑到顶、底板较宽，顶板划分 10 片板元，底板划分 6 片板元，其中 4 片用于描述顶板与腹板和底板与腹板的交界位置几何构造。腹板仅划分 1 片板元，计算模型的纵横向网格划分见图 4－14。不同荷载工况下，距离中跨跨中截面 3.0 cm 位置截面的轴向正应力分布见图 4－15、图 4－16。

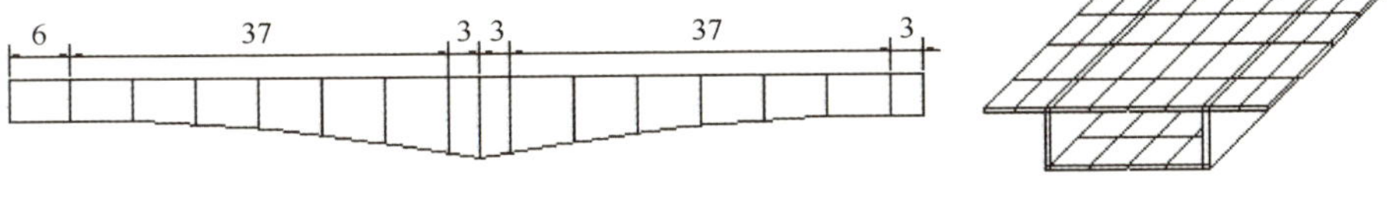

图 4－14　有限元网格(半跨)(单位：cm)

不难看出，本文单元的应力解答同 EAS 单元 SOLSH190 精度相当，采用较稀疏的网格即可获得同精细网格划分的实体单元相近的解答，而常规实体单元则给出了偏于刚硬的解答。需要指出，即使采用精细网格划分的实体单元也难以得到同试验值完全吻合的结果。

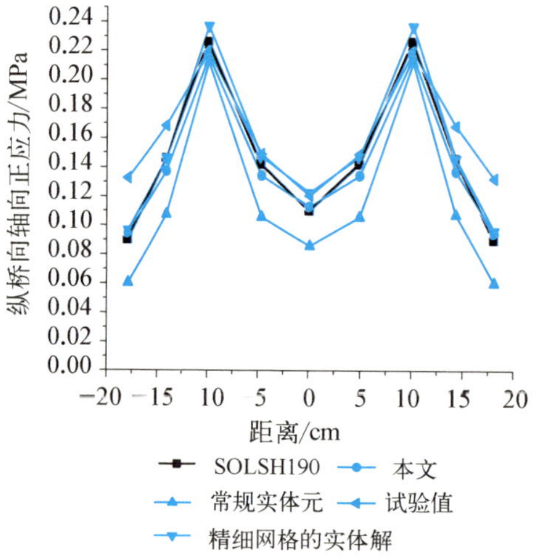

图 4-15　集中荷载作用下轴向正应力分布

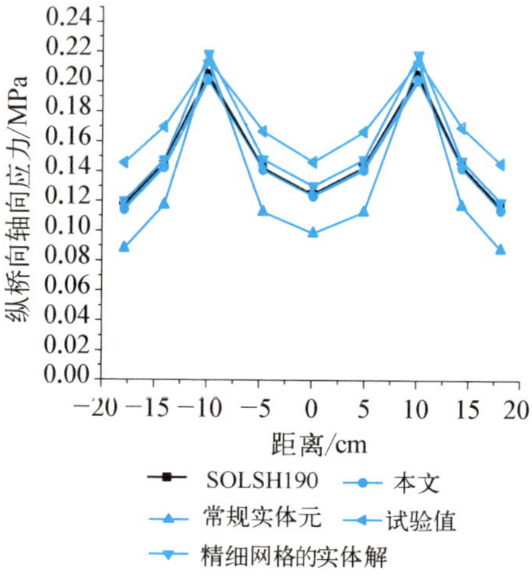

图 4-16　均布荷载作用下轴向正应力分布

为进一步考察单元的计算精度，本文还对图 4-17 所示等截面简支箱梁的剪力滞效应进行了分析。有机玻璃模型梁两端简支，跨径为 80 cm，两端不设横隔板，有机玻璃的弹性模量取 3.0 GPa，泊松比 0.385。跨中承受集中荷载 272.2 N。对该梁采用 72 个单元，共计 180 个节点进行有限元离散。图 4-17 中各测点在跨中位置的纵向应力结果见表 4-10。在该考题中，本文单元显示了较其他各类单元更为满意的结果。

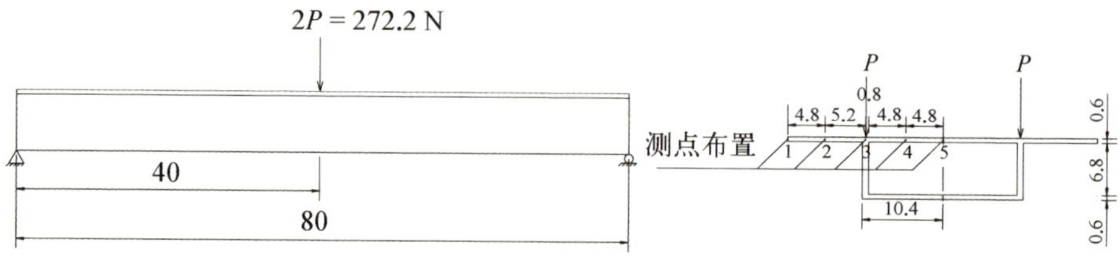

图 4-17　等截面简支箱梁几何及测点布置(单位：cm)

表 4-10　等截面筒支箱梁各测点轴向正应力

测点	MITC4	平板壳	板梁单元法[114]	SOLSH190	本 文	参考解
1	0.229 42	0.185 94	0.217 35	0.208 52	0.195 08	0.196 90
2	0.303 90	0.228 18	—	0.217 20	0.235 28	0.251 34
3	0.365 27	0.416 97	0.342 95	0.397 70	0.413 84	—
4	0.188 65	0.245 66	—	0.236 97	0.253 23	0.272 04
5	0.201 95	0.231 24	0.255 80	0.255 32	0.242 57	0.252 26

注：参考解答采用精细网格划分的实体单元得到。

4.6.4　箱梁约束扭转分析

为考察单元在箱梁约束扭转问题中的适用性，分析如图 4-18 所示的悬臂箱梁的约束扭转。材料弹性模量取值为 $E=2.1\times10^7\ \text{N/cm}^2$，泊松比 $\nu=0.25$，自由端受纯扭曲荷载作用，荷载取值为 $q=6.67\ \text{N/cm}$。利用结构对称性及荷载的反对称性，取 1/4 结构计算。将 1/4 模型沿轴向(x 向)划分为 20 等份，横截面分为 3 部分，共计 168 个节点和 60 个非协调八节点壳单元。

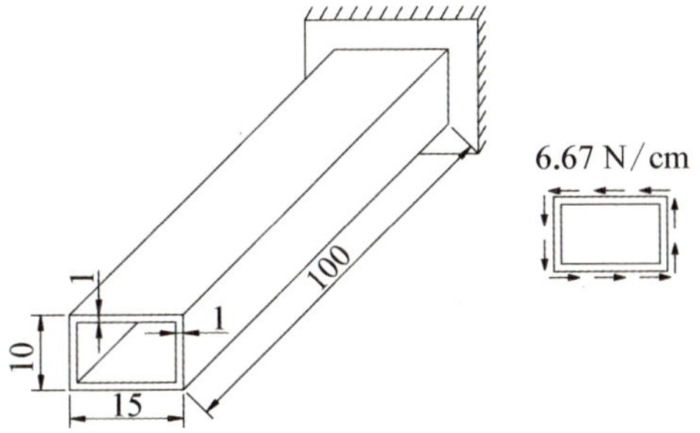

(a) 箱梁几何尺寸(单位:cm)

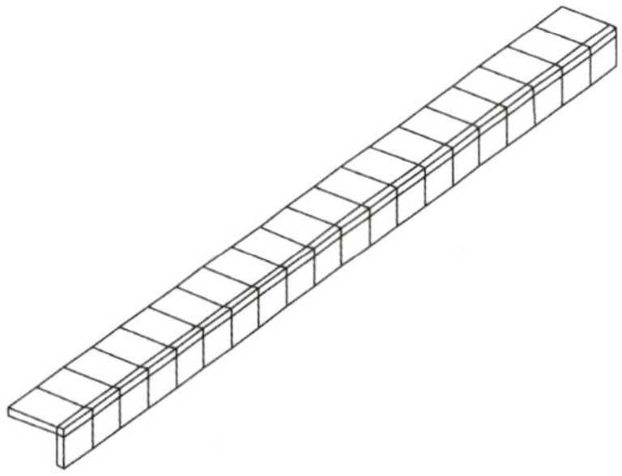

(b) 1/4模型有限元网格

图 4-18　悬臂箱梁约束扭转

文献[50]分别采用板梁组合模型和 20 节点三维实体单元对该问题进行了分析。其中，板梁组合模型中共划分 538 个节点，60 个单元；三维实体模型中把模型沿轴向划分 50 等份，1/4 横截面划分成 10 部分，共计 3 803 个节点，500 个单元。

表 4－11 给出了三种模型的自由端角点翘曲位移解答。不难看出，本文单元和文献[50]的方法采用少量自由度即可获得同精细网格划分的实体单元解答相近的精度，但本文方法所需系统自由度不足板梁组合模型的 1/3。

表 4－11　自由端翘曲位移　　单位：cm

位移分量	三维实体模型	梁板组合模型[50]	本文板壳元
$u(10^{-6})$	2.511	2.689 (6.7%)	2.561 (2.0%)
$v(10^{-5})$	8.198	7.869 (3.2%)	7.862 (4.1%)
$w(10^{-4})$	1.304	1.282 (2.5%)	1.253 (3.9%)

注：括号内数值为相对三维实体模型解答的相对误差。

图 4－19、图 4－20 为角点处的翘曲位移和翘曲正应力沿轴线方向的变化曲线。由图可见，本文模型同三维实体模型计算得到的位移吻合的很好。精细网格划分的实体模型表明，箱梁腹板和顶板交界位置的应力状态相当复杂，沿轴向变化很快。在箱梁的自由端位置，因受应力集中影响，本文模型同三维实体模型得到的翘曲正应力差异较大，而其他部位两者均吻合的相当好。

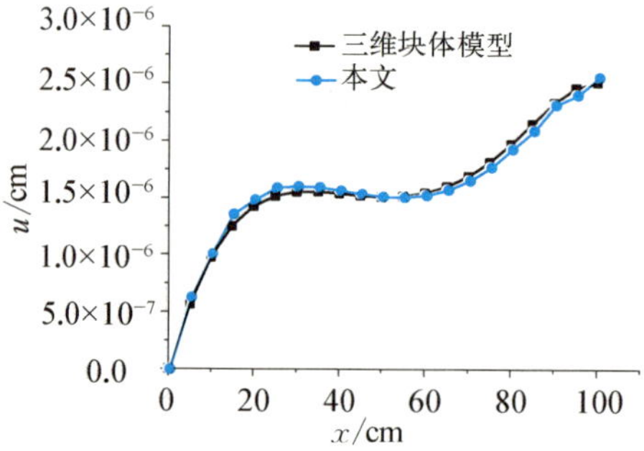

图 4－19　角点翘曲位移沿轴向变化

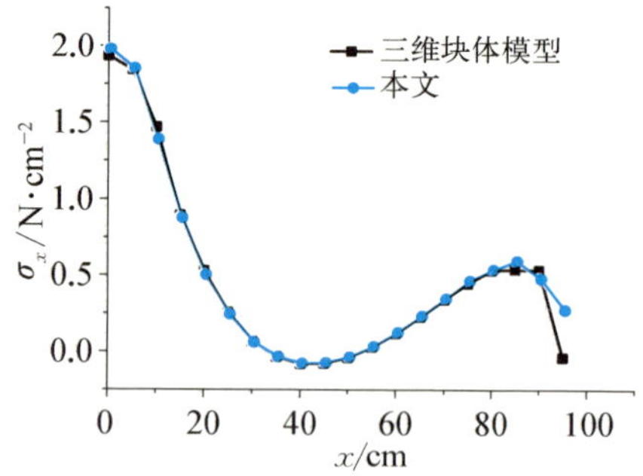

图 4－20　角点翘曲应力沿轴向变化

4.7　本 章 小 结

(1) 本章板壳单元有限元列式简单、统一，适合考虑复杂变截面桥梁在各类荷载条件下的响应。

(2) 数值试验表明：基于一类变量变分原理构造的位移板壳元可获得与基于多变量变分原理构造的 EAS 板壳元相近的解答。

(3) 板壳单元的经典考题验证了单元的厚薄通用性，单元足够适应桥梁工程中常见的厚跨比范围，使得桥梁结构的板壳元分析更加简单。

(4) 单元可精确描述箱梁等复杂结构的质量分布，更适合在复杂大规模桥梁结构的动力特性分析中采用。

(5) 等/变截面箱梁的剪力滞分析表明，单元可给出满意的应力解答。进一步地，还可在应力解答的基础上通过截面积分获得桥梁设计所需内力。

第5章 基于非协调壳元的组合单元

5.1 概　　述

数值方法发展至今，复杂结构的专用分析方法已引起研究者的广泛关注。在工程中，特别是土木和船舶等结构中，常利用子结构法[18, 67]缩减复杂结构的求解规模。子结构在内部自由度凝聚前，实质是一个具有相当多内部自由度的超级单元。Fafitis 等[115]采用子结构法研究了薄壁箱梁的剪力滞效应，并比较了子结构法和传统分析方法在计算时间和计算内存需求等方面的差异。子结构法要求模型中可以划分出多块相同的部分，相同的子结构块数越多，计算效率越高。考虑到桥梁结构的复杂性，子结构法在真实桥梁结构分析中的应用并不多见。

此外，曹志远等提出了超级有限元的概念[46]，并对三维框架、二维剪力墙和一维桁架超级单元的构造做了概括。超级元法不但能大规模节省计算量，且可仔细反映系统内部各构件的力学特征、几何尺寸、物理常数、相互间的关联关系以及对系统刚度、质量和阻尼的贡献。Law 等[53]分析青马大桥时，采用超级元方法将吊杆间的加筋梁段划分为一个单元，通过高阶形函数插值描述内部构件的变形。

为使构造的单元可考虑等效钢筋层的加强作用，本文第 2 章中曾引入分域积分方法[30]，将单元刚度矩阵计算分区进行。该方法允许单元内包含不同的材料区域，一定程度上提高了分析效率。这类单元的构造方式与 Klinkel 等[34]的二次等参映射变换方法本质相同。

徐兴等[47]提出的虚拟层合单元实际上是将研究对象所占据的物理区域进行拓广，在拓广的区域使用层合单元法。虚拟层合单元法不仅可在某一方向分层，还可在层内分段，提高了单元使用的灵活性。文献[48－49]首先将该方法用于桥梁结构分析。其后，凌道盛[50]对虚拟层合单元做了改进，将分层积分推广到任意的分块积分，提出改进等参元概念，并从数学角度给出了理论证明。改进的等参元使有限元网格的自动剖分非常便利，可采用规则六面体覆盖待划分的物理区域。网格划分后，通过计算单元与物理区域的交集确定单元区块。其最大优点在于将有限元网格和问题的物理区域独立开来，网格剖分不再严格依赖物理区域，可将单元节点定义在物理区域外部。

截面形状复杂的桥梁结构的总体分析是桥梁工程中常见而又烦琐的力学问题。传统有限元方法要求按照结构的几何特征和材料分布进行网格划分，将不同构件或不同的材料区域划分为不同单元。这样的限制在桥梁结构分析中非常不便，容易使全桥分析模型过于庞大。建立既能描述结构几何形状，又能反映结构受力和变形特征的简单有限元模型是总体分析的关键。为此，凌道盛等[50]通过为 16～20 实体退化板壳单元引入改进等参元方法，构造了改进的实体退化单元(组合单元)，该单元已在许多桥梁分析中得到应用[51-52]。与超级元相比，改进的实体退化单元通过子域描述单元内的各构件，并采用统一的位移插值模式描述单元变形，适用性更广。

前文构造的板壳单元通过引入非协调位移避免单元边中节点的使用，属非协调单元，若直接引入改进等参元方法，将不能通过分片检验，数值解答的收敛性无法得到保证。为提高求解效率，本章为八节点等参元各子域分别引入前文壳元的非协调位移，通过强迫非协调应变在各子域内的积分为零确保单元通过分片检验，构造了高效率的非协调组合单元。相对前文构造的非协调板壳元，组合单元可在保证计算精度的前提下大规模缩减计算工作量。此外，组合单元的构造使考虑横隔板等构件的受力性能更加方便。

5.2 单元几何及等参变换

根据桥梁结构的几何特征，可将连续化的结构离散为一系列八节点组合单元，用单元节点的整体坐标描述其几何构形。每个组合单元内可包含若干子域，不失一般性，假定每个子域均为八节点六面体，用顶点描述其几何。图 5－1 中，整个箱梁横截面被划分为 3 个组合单元。为便于网格剖分，组合单元 1，3 均含虚拟节点。为描述组合单元内各构件的几何，将 1，3 组合单元划分 2 个子域，将组合单元 2 划分 5 个子域。其中，1_2，2_5 和 3_2 均为空子域，单元刚度矩阵计算时不参与数值积分。

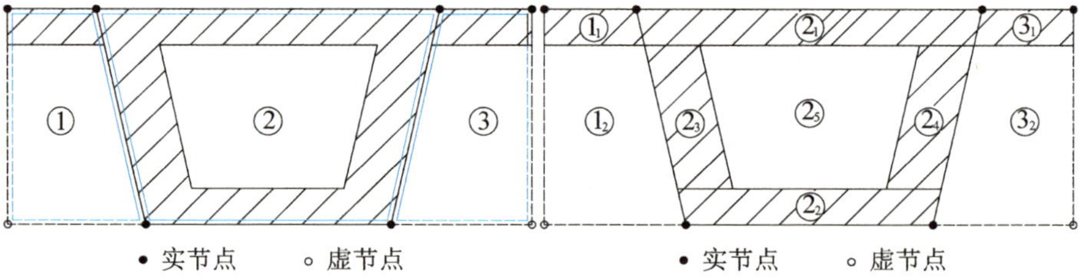

(a) 组合单元划分　　(b) 单元子域划分

图 5－1　箱梁结构组合单元网格划分

需要指出，组合单元的不同子域允许采用不同的材料模型，因此同一单元内可包含多种材料。描述子域几何形状的顶点与单元节点不同：第一，节点位置是用整体坐标表示的，而顶点通常定义在母单元的自然坐标系内。第二，节点位移为独立未知量，而顶点位移不独立，可通过单元节点位移和子域内部非协调位移自由度唯一确定。

记八节点组合单元的整体坐标(xyz)与自然坐标($\xi\eta\zeta$)之间的变换为第一次等参映射，如图 5-2 所示。则整体坐标和自然坐标存在以下变换：

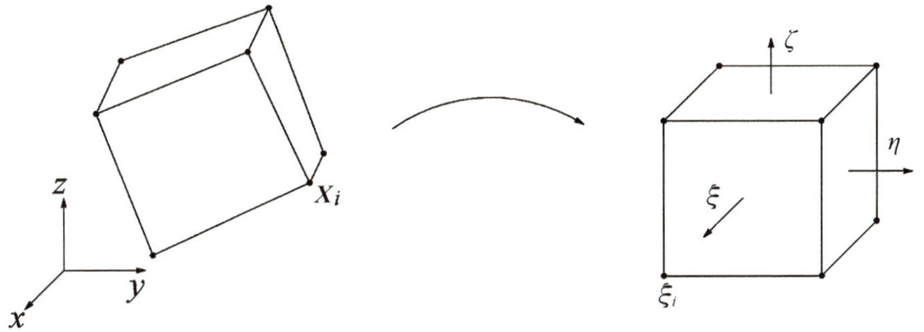

图 5-2　单元首次等参映射

$$\boldsymbol{x} = \sum_{i=1}^{8} \hat{N}_i \boldsymbol{x}_i \tag{5-1}$$

式中

$$\boldsymbol{x} = \{x,\ y,\ z\}^{\mathrm{T}},\ \hat{N}_i = \frac{1}{8}(1+\xi_i\xi)(1+\eta_i\eta)(1+\zeta_i\zeta) \tag{5-2}$$

每个组合单元内可包含若干子域，记第 k 个子域的第 j 个顶点在自然坐标系中的坐标为 (ξ_j^k, η_j^k, ζ_j^k)，各顶点的自然坐标可参考 Lautersztajn-S 等[116]和 Murti 等[117]所做的工作，利用整体坐标 (x_j^k, y_j^k, z_j^k) 通过等参逆变换得到，不再详述。为便于在各子域内进行高斯积分，第 k 个子域内任意点的自然坐标 (ξ, η, ζ) 可以采用式(5-1)的方法进行插值，即引入第二次等参变换，见图 5-3。

引入第二次等参变换后，第 k 子域内任意点的自然坐标可表达为

$$\xi = \sum_{j=1}^{8} \hat{N}'_j \xi_j^k \tag{5-3}$$

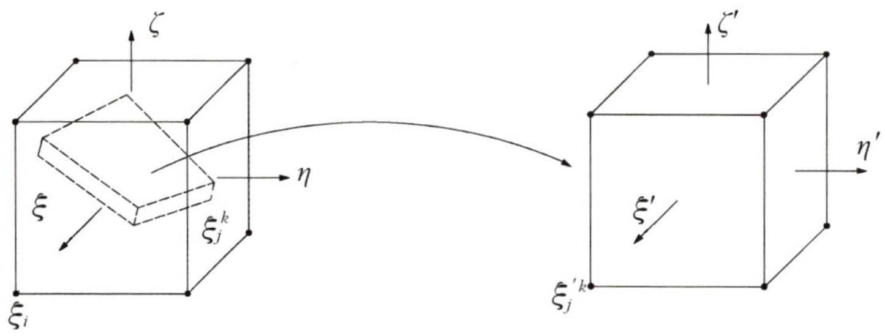

图 5-3　单元二次等参映射

式中

$$\boldsymbol{\xi}=\{\xi,\ \eta,\ \zeta\}^{\mathrm{T}},\ \hat{N}'_j=\frac{1}{8}(1+\xi'_j\xi')(1+\eta'_j\eta')(1+\zeta'_j\zeta') \tag{5-4}$$

式中，$\xi'\in[-1,\ 1]$，$\eta'\in[-1,\ 1]$，$\zeta'\in[-1,\ 1]$。

根据积分的可加性，组合单元的刚度矩阵可表示为单元包含的所有子域的刚度矩阵之和，即

$$\boldsymbol{K}=\sum_{k=1}^{m}\int_{-1}^{1}\int_{-1}^{1}\int_{-1}^{1}\hat{\boldsymbol{B}}^{\mathrm{T}}\boldsymbol{D}^k\hat{\boldsymbol{B}}\mid\boldsymbol{J}\mid\mid\boldsymbol{J}'\mid\mathrm{d}\xi'\mathrm{d}\eta'\mathrm{d}\zeta' \tag{5-5}$$

式中，m 为组合单元的子域数；$\boldsymbol{J}$ 和 $\boldsymbol{J}'$ 分别为坐标变换式(5-1)和式(5-3)确定的雅克比矩阵；$\boldsymbol{D}^k$ 为第 k 个子域的本构关系矩阵。由于空的子域对结构刚度无贡献，因此不参与数值体积积分，直接从式(5-5)中略去。式(5-5)的刚度矩阵表达式使得同一单元可由不同材料组成，网格剖分也不再严格依赖于问题的物理区域。

类似地，单元一致质量矩阵可表达为

$$\boldsymbol{M}=\sum_{k=1}^{m}\int_{-1}^{1}\int_{-1}^{1}\int_{-1}^{1}\hat{\boldsymbol{N}}^{\mathrm{T}}\hat{\boldsymbol{N}}\rho^k\mid\boldsymbol{J}\mid\mid\boldsymbol{J}'\mid\mathrm{d}\xi'\mathrm{d}\eta'\mathrm{d}\zeta' \tag{5-6}$$

分析文献[51]中的组合单元位移插值模式可见，尽管组合单元内各子域分别采用了板或梁的基本假定，但在整个单元内仍是采用统一的位

移插值形式。根据第 4 章的讨论，前文构造的非协调板壳元对板壳问题可采用更少的自由度获得同文献[29]相近的计算精度，计算效率上优于实体退化板壳元[29]。但考虑到非协调元的常应力分片检验条件，除层合板壳外上述改进的等参元方法并不能直接用于非协调板壳单元。

5.3　非协调位移模式

通过 5.2 节的分析，在整个单元内采用统一位移插值模式的改进等参元方法不能直接用于非协调板壳元。为充分利用组合单元的优点，本节将通过为单元各子域分别附加非协调位移构造可通过分片检验的组合单元，其中各子域将分别遵循板壳的变形规律。

为便于非协调位移的引入，为组合单元各子域建立图 5 - 4 所示局部坐标系，局部坐标系中各坐标轴的单位切向矢量可参照 2.3.1 节方法确定，不再赘述。不难看出，局部坐标系的 z' 轴始终同板壳法线方向一致。假设组合单元各子域均遵循板壳的变形特点，为各子域局部坐标系下的位移分量 u'_k，v'_k 和 w'_k 分别附加第 4 章提出的非协调位移(以退化元为例)：

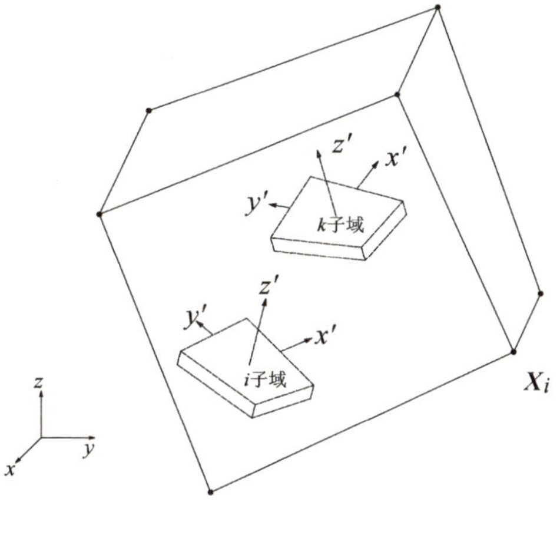

图 5 - 4　组合单元子域局部坐标系

$$\tilde{u}_k{}' = \tilde{N}_2^k \tilde{d}_5^k \tag{5 - 7a}$$

$$\tilde{v}_k{}' = \tilde{N}_1^k \tilde{d}_6^k \tag{5 - 7b}$$

$$\widetilde{w}_k{}' = \widetilde{N}_1^k \widetilde{d}_1^k + \widetilde{N}_2^k \widetilde{d}_2^k + \widetilde{N}_3^k \widetilde{d}_3^k + \widetilde{N}_4^k \widetilde{d}_4^k \tag{5-7c}$$

式中，$\widetilde{d}_i^k$ $(i=1, 2, \cdots, 6)$为第 k 个子域的内部自由度，各子域的非协调位移模式 $\widetilde{N}_i^k$ 分别为

$$\widetilde{N}_1^k = \xi'^2,\ \widetilde{N}_2^k = \eta'^2,\ \widetilde{N}_3^k = \xi'^2\eta',\ \widetilde{N}_4^k = \xi'\eta'^2 \tag{5-8}$$

不难看出，组合单元的各子域采用了不同的位移插值模式，与文献[51]在整个单元域采用相同位移插值模式的方法并不相同。进一步地，文献[51]方法可以将材料的各积分子域看作物理覆盖，视作数值流形方法[118]的特例，与本文的组合单元在本质上不同。

前已述及，式(5-7)的非协调位移适合描述板壳的变形规律，可适应不同荷载条件下箱梁的结构分析。但为了确保数值解答的收敛性，需要使非协调组合单元满足分片检验。根据非协调系统势能泛函的变分原理，可在单元子域的意义上使非协调应变在各子域积分为零，即在单元子域层次对非协调应变位移矩阵进行修正。为此，对偶函数表达的非协调位移模式 $\widetilde{N}_1^k$ 和 $\widetilde{N}_2^k$ 可分别在单元子域中心点计算非协调应变位移矩阵，高阶非协调模式 $\widetilde{N}_3^k$ 和 $\widetilde{N}_4^k$ 可采用第 3 章给出的显式表达的修正非协调位移模式 $\widetilde{N}_3^{k^*}$ 和 $\widetilde{N}_4^{k^*}$ 进行替换，即采用：

$$\widetilde{N}_3^{k^*} = \xi'^2\eta' - \frac{1}{3}\eta',\ \widetilde{N}_4^{k^*} = \xi'\eta'^2 - \frac{1}{3}\xi' \tag{5-9}$$

采用上述修正方法后，本文组合单元可满足常应力分片检验要求。不难看出，当单元仅包含一个子域时，组合单元将退化为第 4 章的非协调壳元。

采用组合单元进行结构分析时，不必每个构件划分一个单元，可根据精度要求和计算用时，将结构划分为大小合适的组合单元，并在组合单元的指定点设置节点，以使相邻组合单元的有关参数具备连续性。

5.4　程 序 实 现

根据 5.2—5.3 节的描述，可将本文组合单元的程序实现概括为图 5-5。不难看出，若仅执行一次子域循环，则组合单元退化为第 4 章的非协调壳元。

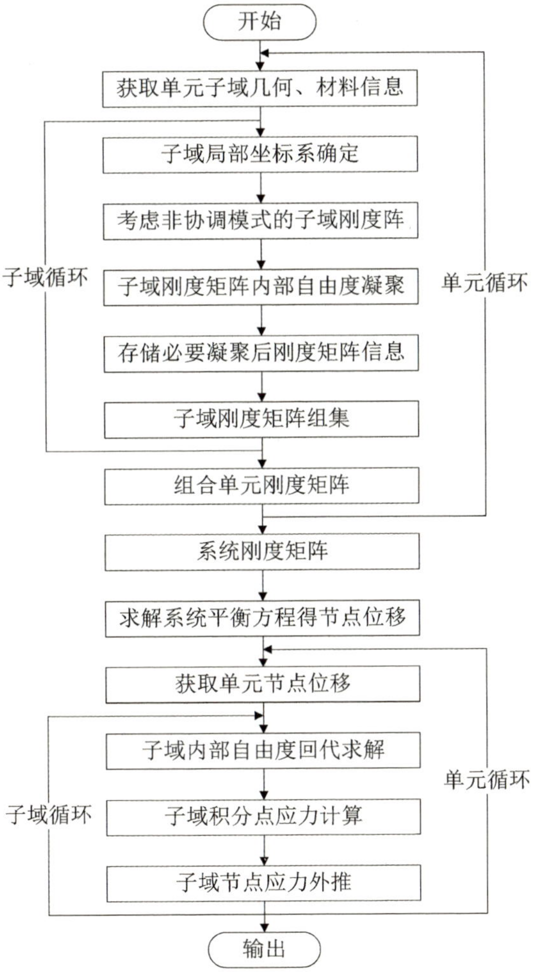

图 5-5　组合单元程序实现

5.5 单元考核

为考察组合单元的数值性能，对单元通过分片检验的情况、薄壁箱梁弯曲、多梁式桥的动力特性和多跨钢混凝土组合截面桥梁的静力响应进行了分析。

算例 1　常应力分片检验

为考察组合单元通过常应力分片检验的情况，采用 3.4 节的分片检验考题，在单位立方体的表面施加常应力位移场：

$$u = 5 \times 10^{-4}(2x + y + z),\ v = 5 \times 10^{-4}(x + 2y + z),$$

$$w = 5 \times 10^{-4}(x + y + 2z)$$

对该立方体仍采用 7 个单元进行剖分，除立方体中心位置单元外，其余单元均为协调的三维实体单元。立方体中心位置单元为面内方向划分了 4 个不规则子域的非协调组合单元，见图 5-6。

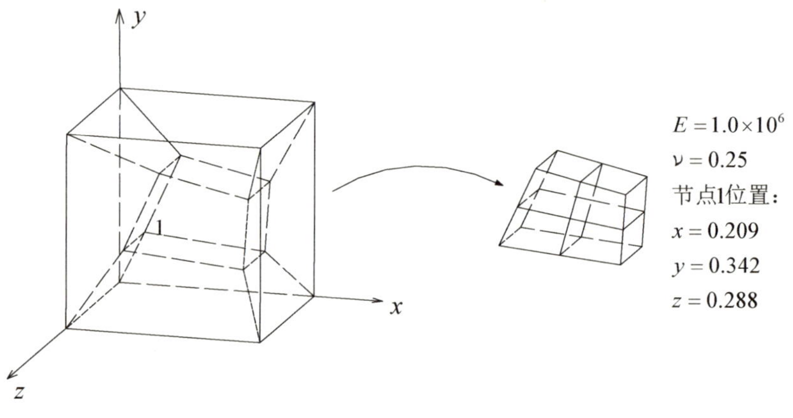

图 5-6　组合单元分片检验

表 5-1　分片检验结果

	u_1	v_1	w_1
本文†	0.515 9	0.577 5	0.550 3
本文*	0.524 0	0.590 5	0.563 5
精确解	0.524 0	0.590 5	0.563 5

注：†本文单元修正前结果；
　　*本文单元修正后结果。

表 5-1 列出了中心位置单元在修正前后节点 1 的位移解答。可见，本文单元在修正前不能通过常应力分片检验，修正后可通过分片检验。此外，各单元的应力解答表明修正后单元可再现给定位移场所产生的常应力状态，$\sigma_x = \sigma_y = \sigma_z = 2\,000$，$\tau_{xy} = \tau_{yz} = \tau_{zx} = 400$。而修正前则不能给出上述常应力解答。

算例 2　多梁桥动力特性分析

图 5-7 所示为两端简支的多梁式混凝土桥，该桥依据 AASHTO 规范设计[119]。桥梁的横截面几何尺寸及横隔板布置见图 5-6，共设置 3 道横隔板，分别位于两端和跨中位置。根据 Hamed 等[4]的文献，该桥混凝土质量密度取 2 570 kg/m^3，AASHTO 截面 III 型梁的弹性模量取为 27.793 GPa，桥面板和横隔板弹性模量取值均为21.665 GPa。

Hamed 等将该桥视为板梁组合构件，采用位移协调条件对板、梁进行组合，求解了该桥的自由振动问题；Wang 等[3]则采用梁格法对该问题进行分析。本文将采用组合单元对该桥的动力特性进行分析，为便于同已有文献的解答进行比较，分析中不考虑人行道板刚度，仅考虑其质量贡献。

采用组合单元分析时，纵桥向共划分 21 份，其中 3 份用于描述横隔板的纵向分布；横截面划分时每个 AASHTO 截面梁划分一个组合单元，对应位置的桥面板则划分 3 个标准非协调板壳元。考虑横隔板

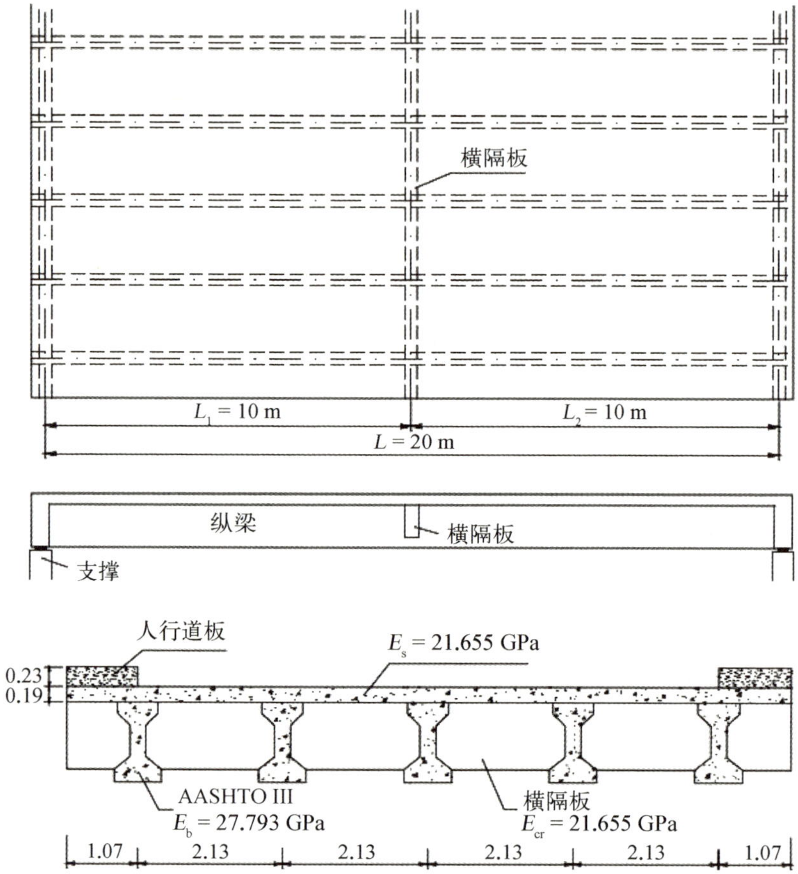

图 5-7　多梁式桥几何尺寸

作用的模型共划分了 960 个节点和 450 个单元，未考虑横隔板作用的模型共划分了 924 个节点和 420 个单元，有限元模型见图 5-8。由图 5-8(b)中横截面的网格可见，AASHTO 截面梁并未严格按照材料的物理区域进行网格剖分，单元节点可以落在其材料覆盖区域的内部或外部。

需要指出，为精确描述桥梁的几何分布，采用基于实体几何构形的固壳单元(如 SOLSH190)或常规八节点三维实体单元分析时，对考虑横

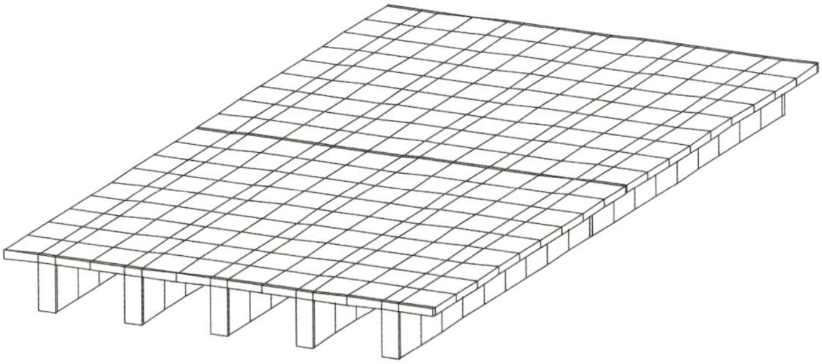

(a) 整体有限元网格

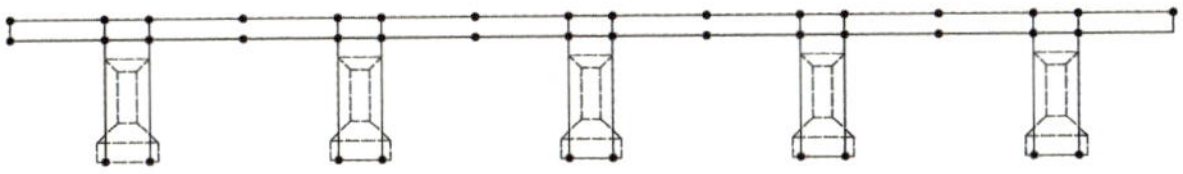

(b) 横截面网格剖分

图 5-8　多梁桥几何尺寸

隔板和不考虑横隔板的有限元模型分别需要至少 1 676 个节点和1 628 个节点，系统自由度远多于本文单元。

考虑横隔板前后，不同方法的自振频率结果分别见表 5-2、表 5-3。图 5-9 还给出了不考虑横隔板作用时桥梁的前几阶振动模态。其中，采用精细网格划分的固壳单元结果可视为参考解答。

表 5-2　有横隔板的简支多梁桥自振频率

振　型	特征频率/Hz				
	梁格法[3]	Hamed[4]	SOLSH190*	本 文	SOLSH190†
一阶竖弯	4.917	4.975	4.878	4.826	4.850
一阶扭转	5.455	4.787	5.465	5.843	5.409
一阶横弯	16.167	12.213	13.570	13.208	11.749
二阶竖弯	20.326	17.551	16.801	17.041	16.617

注：* 仅描述桥梁几何所需网格的结果(1 676 个节点，828 个单元)；
†为精细网格划分的固壳单元结果(5 850 个节点，3 240 个单元)。

表 5-3　无横隔板的简支多梁桥自振频率

振　型	特征频率/Hz				
	正交异性板[4]	Hamed[4]	SOLSH190*	本文	SOLSH190†
一阶竖弯	5.147	4.907	4.883	4.828	4.876
一阶扭转	5.015	5.088	5.279	5.215	5.181
一阶横弯	6.455	7.365	9.126	9.194	8.655
二阶横弯	10.986	12.655	13.494	14.329	13.308
二阶扭转	20.187	16.471	14.223	13.267	11.672
二阶竖弯	20.060	17.661	16.767	16.816	16.503

注：* 仅描述桥梁几何所需网格的结果(1 628 个节点，756 个单元)；
†为精细网格划分的固壳单元结果(4 554 个节点，2 520 个单元)。

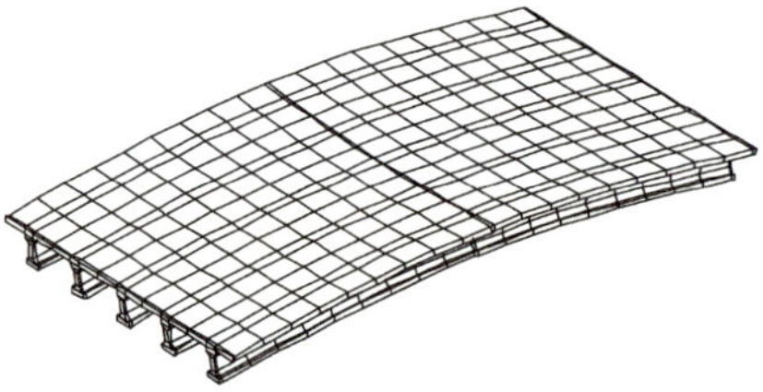

(a) 一阶竖弯

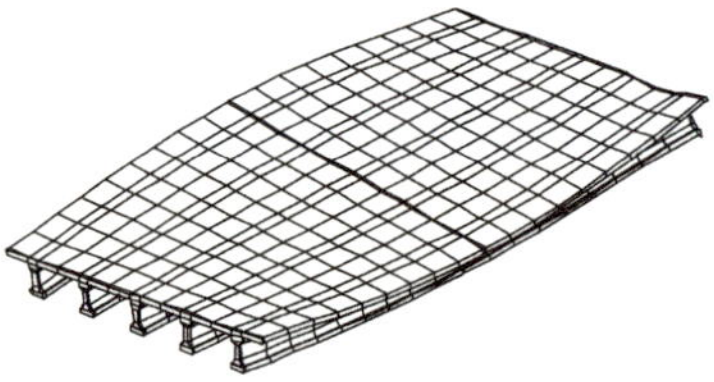

(b) 一阶扭转

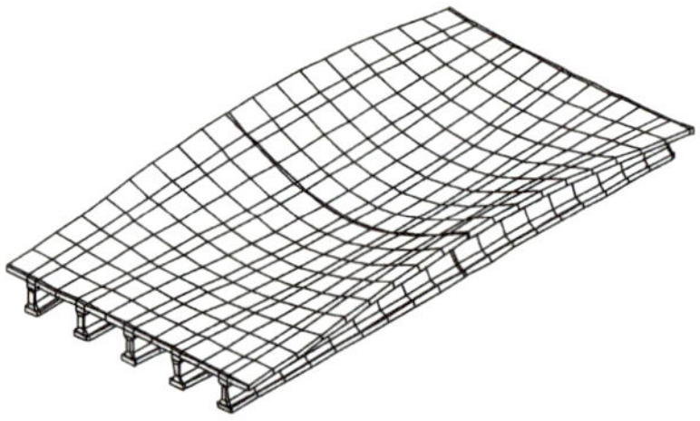

(c) 一阶横弯

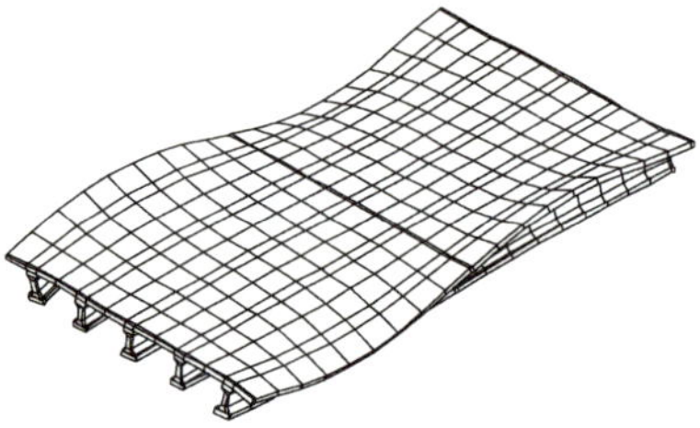

(d) 二阶扭转

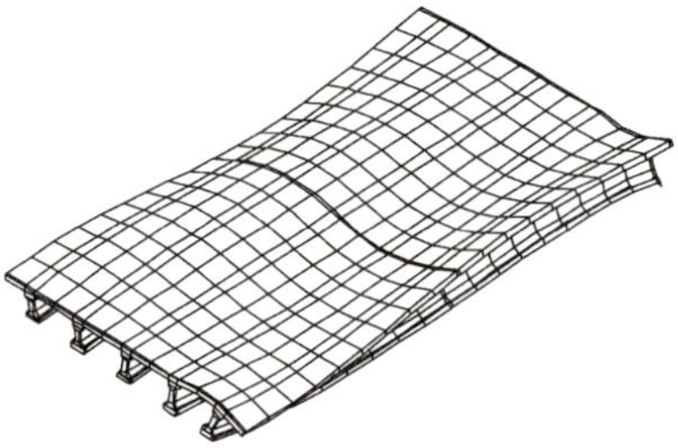

(e) 二阶横弯

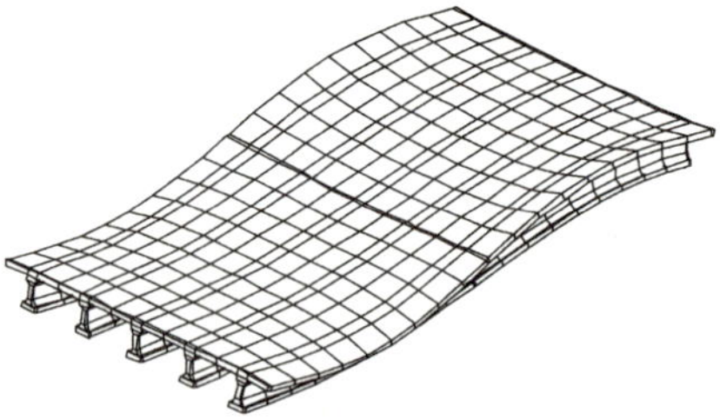

(f) 二阶竖弯

图 5-9　多梁桥的振动模态

由表 5－2、表 5－3 的结果可见，本文方法的计算精度要优于文献[3－4]的解答，计算效率高于 EAS 固壳单元 SOLSH190，但本文给出了比精细网格划分的参考解偏于刚硬的结果，这是采用了过于稀疏的网格所致。需要指出，组合单元的网格划分并非任意的，应考虑被划分的组合单元中任意点变形能否用所选用的位移模式进行描述，详见本节算例 4 的讨论。

算例 3　薄壁箱梁弯曲

图 5－10 为一悬臂箱形薄壁梁，材料性质参数为 $E=3.5\times10^{10}$ Pa，$v=0.20$。整梁被剖分为 5×1×1 个组合单元和 24 个节点，单元中各子域均遵循板壳的变形规律，数值计算结果见表 5－4。为便于同已有文献解答进行比较，表中还给出了改进实体退化元[50]解答，文献[50]的模型共含 68 个节点和 5 个组合单元。不难看出，两类组合单元均获得了满意的计算精度，本文解答相对其他文献的解答误差均在 3%以内。

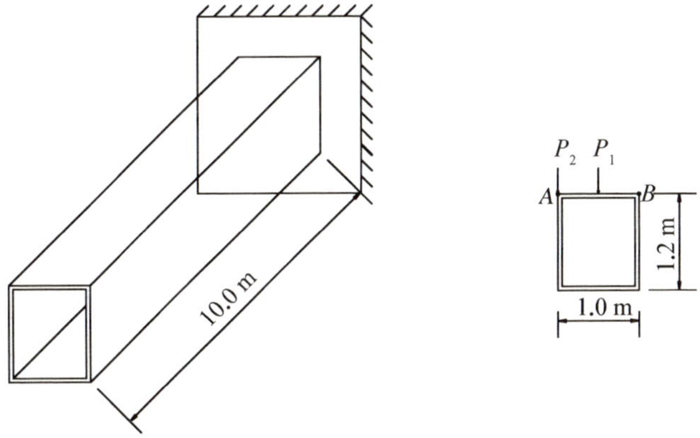

图 5－10　薄壁箱梁弯曲

表 5－4　箱形梁挠度解答　　单位：mm

位　置	$P_1=10\,000$ N，$P_2=0$ N			$P_1=0$ N，$P_2=10\,000$ N	
	Y. Q. Xie(1988)	改进的退化元	本文	改进的退化元	本文
A	2.156	2.158	2.149	2.227	2.176
B	2.156	2.158	2.149	2.089	2.123

算例 4　多跨钢-混凝土组合截面梁

前文已指出，组合单元的网格划分并非任意的，应考虑被划分的组合单元中任意点变形能否用所选用的位移模式进行描述。若不能描述，则应进一步细化网格。为说明该问题，下面将对一座两跨钢-混凝土组合截面梁采用不同的单元划分方式进行分析，钢混凝土组合截面梁的几何尺寸[62]如图 5－11 所示，混凝土和钢材的弹性模量分别取 2.2×10^{10} Pa和 2.0×10^{11} Pa，荷载见表 5－5。

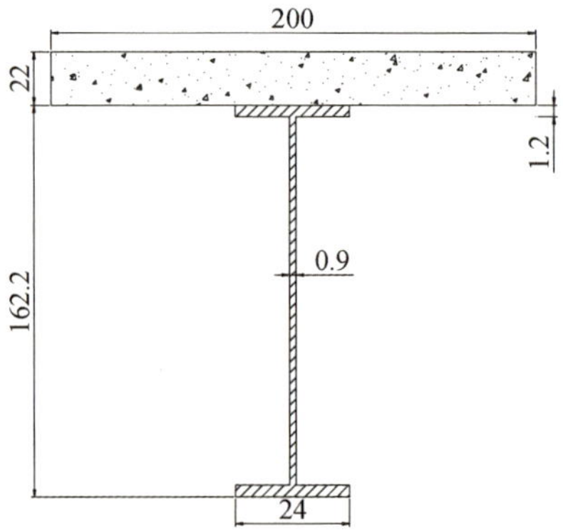

(a) 横截面尺寸(单位：cm)

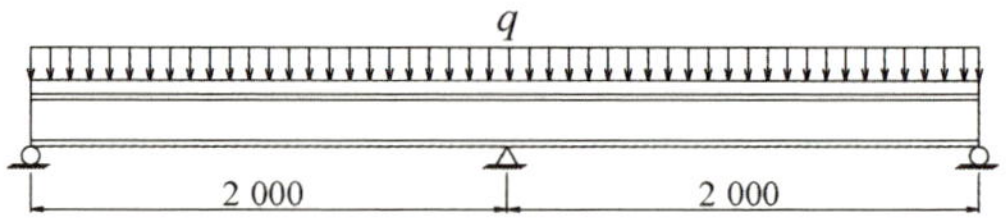

(b) 纵向尺寸(单位：m)

图 5－11　钢混凝土组合截面梁几何尺寸

表 5－5　荷载取值　　单位：t/m

混凝土板(体载)	工字钢梁(体载)	行车道板(面载)	其他(面载)
1.1	0.25	0.23	0.073

分析中在桥梁的纵向共划分 20 份，对横截面则分别考虑三种网格划分方案：划分 1 个单元、2 个单元和 4 个单元，横截面有限元网格见图 5－12。不同有限元模型的节点数和单元数见表 5－6。

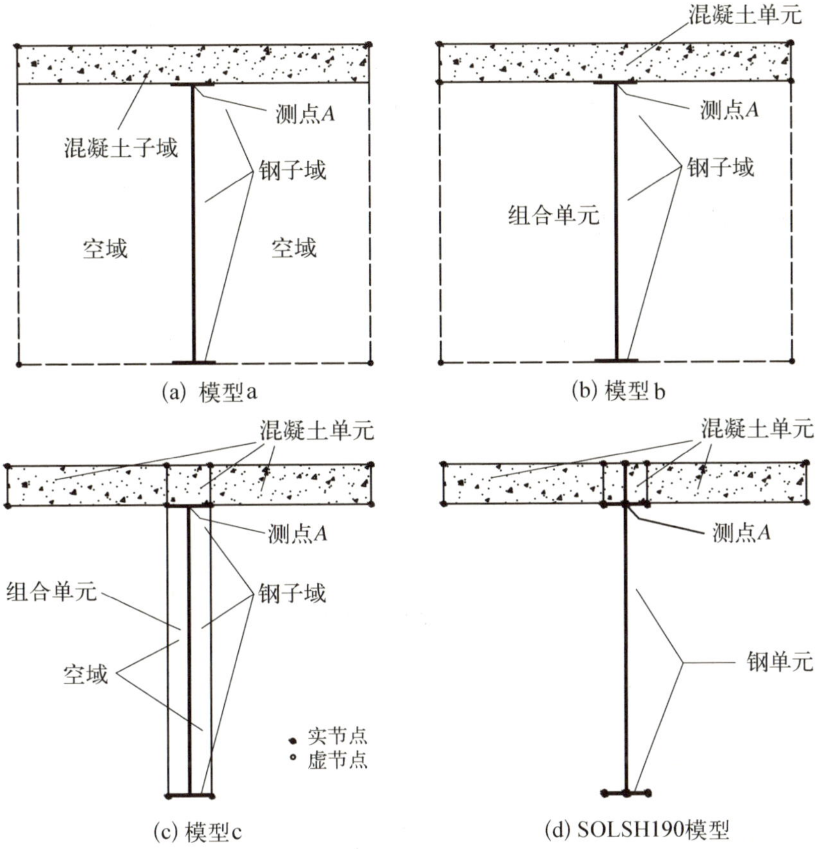

图 5－12　横截面网格划分

表 5－6　不同模型的单元数与节点数　　单位：t/m

类　型	模型 a	模型 b	模型 c	SOLSH190*	参考解答
节点数	84	126	210	504	4 368
单元数	20	40	80	240	2 820

注：参考解答基于 ANSYS 软件采用细密网格划分的八节点非协调实体元 SOLID45 得到。

图 5－13 给出了沿桥梁轴线方向截面 A 点位置的挠度变化曲线。不难看出，当横截面仅采用一个单元划分时，模型 a 的解答略显刚硬，而横截面划分两个单元的模型 b 的解答已令人十分满意，与精细网格划分

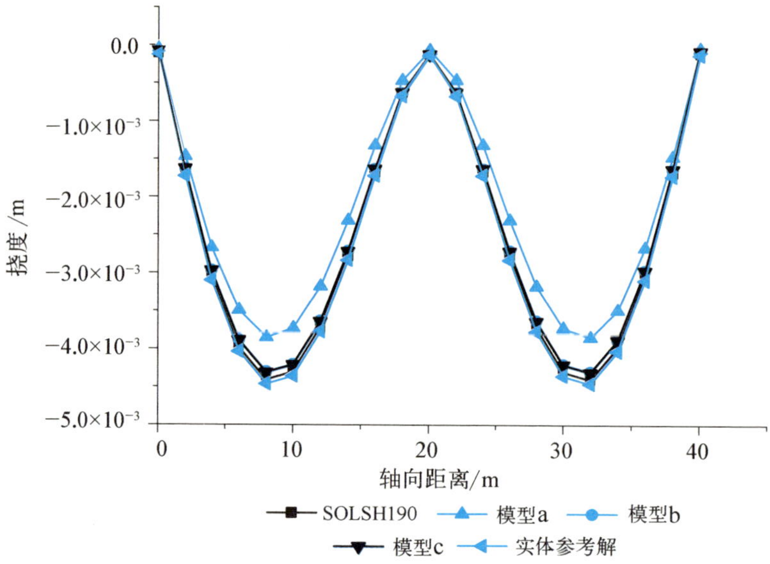

图 5-13 挠度沿轴向变化

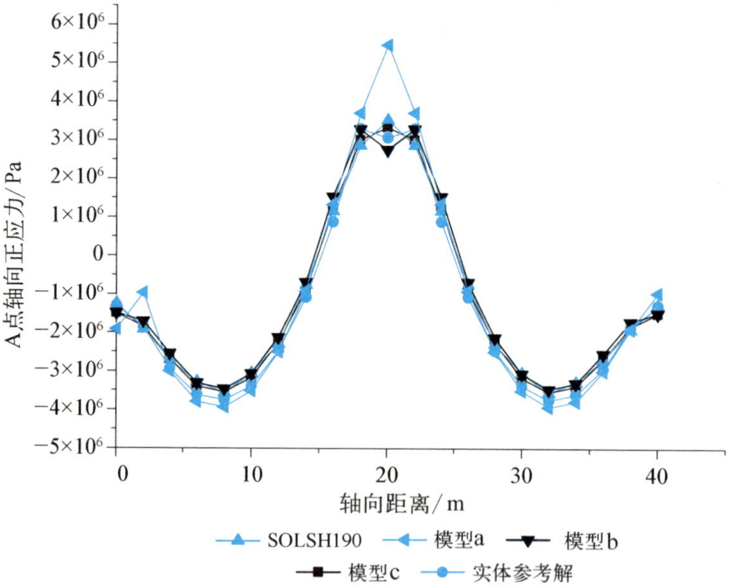

图 5-14 纵向正应力沿轴向变化

的参考解答十分接近。此时，所需系统自由度仅为 SOLSH190 单元的 1/4，极大地提高了求解效率。此外，图 5 - 14 还给出了 A 点位置的纵向正应力沿梁轴线方向的变化曲线，模型 b 的应力解答除在中间支座位置略有差异外，其余各点的应力结果同参考解答均吻合较好。

5.6　本章小结

(1) 通过为组合单元各子域分别附加前文板壳元的非协调位移，使单元内各构件均遵循板壳变形特点，构造了组合单元。

(2) 强制组合单元在各子域分别满足分片检验，确保了数值解答的收敛性。

(3) 组合单元可以和第 4 章的非协调板壳元以及基于多域变分原理的固壳元一样精确描述桥梁结构的几何特征和质量分布，但分析效率远高于上述两类单元。

(4) 数值试验表明，组合单元可从根本上缩减系统自由度，提高问题求解效率，适于全桥结构的精细化分析。

第6章

混凝土桥梁徐变分析

6.1 概　　述

混凝土是桥梁工程中最常用的建筑材料之一，通常由水泥、水和骨料组成，长期荷载作用下会发生随时间不断增加的变形，即徐变变形。徐变作为混凝土材料的固有属性，在混凝土加载的初期发展较快，后期逐渐减慢，持续时间可达 50 年以上[120]，且徐变变形可能比其瞬时弹性变形大 1～3 倍[121]。混凝土徐变被认识和重视始于 20 世纪初，而其系统研究始于 20 世纪 30 年代，在实际结构中的应用则更晚。目前，欧洲混凝土委员会(CEB－FIP)的《混凝土结构设计与施工的国际建议》以及许多国家的设计规范都对混凝土的徐变给予了详细的规定和考虑。混凝土的徐变效应对结构的影响及其计算方法已引起工程和科研人员的普遍关注，并且已取得了许多研究成果[54-62, 120-140]。

混凝土徐变对桥梁结构存在有利的方面，也存在不利的方面。徐变可以减小温度应力，避免收缩裂缝；在应力集中区域消减其应力峰值，对桥梁结构产生有利影响。但是，混凝土的徐变效应也会使有效弹性模量及结构整体刚度降低，增大桥梁挠度，影响桥面的平顺性和耐久性；徐变还会导致预应力混凝土桥梁的预应力损失，影响结构安全；对钢管混凝土等组合截面桥梁，徐变可以引起钢和混凝土之间的应力重分布，给计算分析带来困难。概括而言，混凝土徐变对桥梁结构的影响主要体现在以下几个方面[121]，

（1）徐变变形对桥梁线形的影响。

（2）预应力混凝土桥梁的预应力损失。

（3）超静定桥梁结构的徐变次内力。

（4）徐变引起组合截面桥梁应力重分布。

其中，前三项研究成果均已列入设计规范和规程[122-125]。目前，关于徐变效应引起的应力重分布也有了许多研究成果[126, 127]。

混凝土徐变效应的准确预测依赖于徐变机理的准确描述和结构分析的可靠性。关于混凝土徐变机理的各种理论和假定，迄今为止还没有一种能被广泛接受。但普遍认为，徐变是混凝土中的胶凝材料在受力后黏滞流动的结果，与混凝土的胶凝材料、水分迁移和集料的延迟弹性变形有关[128-130]。根据混凝土徐变的机理和原因，可将影响混凝土徐变的因素概括为内部因素和外部因素两大类[131-132]。其中，内部因素包括骨料种类、水泥品种、配合比、水灰比、外加剂、构件外形尺寸、养护的时间、湿度和温度等；外部因素则包括环境湿度、环境温度、开始加载的龄期以及荷载持续时间等。

目前国际上描述徐变的数学模型有多种，在桥梁结构的徐变分析中常用的有 Dischinger 法、扩展的 Dischinger 法、有效模量法、中值系数法和增量递推方法等[17, 132-134]。其中，Dischinger 法对晚龄期混凝土低估了其徐变值，仅适用于早龄期混凝土。扩展的 Dischinger 法一定程度上改善了徐变分析的计算精度，但与试验获得的不同龄期加载的长期徐变曲线仍存在差异[135]。Tröst 引入老化系数，推导了应力-应变关系的代数方程表达式，既简化了计算又提高了精度。Bažant 将 Tröst 的工作推广应用于变化的弹性模量与无限界的徐变系数，但只适用于外加约束

突然发生或外加约束施加的速度与徐变发展速度相同的情况[132, 134]。陈永春等[136]将混凝土应力应变关系的积分方程采用中值定理转化为全量形式的代数方程，通过数值法直接求解积分方程，求得中值系数后可用于混凝土徐变问题的分析。此外，Zienkiewicz 和 Taylor 给出了基于黏弹性模型的递推公式，也可用于混凝土结构的徐变分析[17]。该模型可与有限单元法相结合，通过递推公式减少对应力历史的记录，压缩计算机的存储空间，可在大型桥梁的徐变分析中应用。此外，我国朱伯芳院士给出了变时间步长的混凝土徐变计算方法[137]，并给出了徐变应力分析的隐式解法[138]，进一步提高了求解效率，为大体积混凝土徐变应力分析奠定了基础。

混凝土徐变及其对结构性能影响的预测是十分复杂而又难以获得准确解答的难题。混凝土的徐变特性，通常采用徐变系数 $\phi(t, t_0)$ 来描述。徐变系数是混凝土在 $\sigma_c(t_0) \leqslant 0.4 f_{cu}(t_0)$ 的恒定应力作用下所产生的徐变应变与弹性应变之比。目前国际上对徐变系数有两种不同的定义[132, 139]，令在时刻 t_0 开始作用于混凝土的单轴向常应力 $\sigma_c(t_0)$ 至时刻 t 所产生的徐变应变为 $\varepsilon_c(t, t_0)$，两类徐变系数分别定义为

$$\phi(t, t_0) = \frac{E_{28}}{\sigma_c(t_0)} \varepsilon_c(t, t_0) \tag{6-1}$$

$$\phi(t, t_0) = \frac{E(t_0)}{\sigma_c(t_0)} \varepsilon_c(t, t_0) \tag{6-2}$$

式中，E_{28} 为混凝土 28 d 龄期的弹性模量；$E(t_0)$ 为混凝土加载时刻的弹性模量。不难看出，若在 $t_0 = 28$ d 龄期开始加载，则两类徐变系数的定义一致。文献[59]给出了这两类徐变系数的换算关系。需要指出，我国 04 规范以及此前的 85 规范均是根据 1990 年《CEB－FIP 模式规范》提供的公式得到。因此，04 规范和 85 规范均采用了式(6－1)描述混凝土的徐变特性。

早在 1986 年 Creus 等就将黏弹性基本理论运用到了混凝土结构的徐变分析[54]。基于黏弹性理论对混凝土徐变效应进行分析已有了很多研究成果[55-62]，但多数研究都不能考虑三向应力状态下混凝土结构的徐变效应。

考虑到已有黏弹性模型描述混凝土徐变模型的优点和不足，本章将在已有文献的研究工作基础上，将广义 Maxwell 黏弹性模型引入前文构造的组合单元，以考虑混凝土桥梁的徐变效应；此外，为满足 04 规范对混凝土徐变的计算规定，编制了广义 Maxwell 黏弹性模型参数拟合程序，以便将本文方法直接用于混凝土桥梁的徐变计算。

6.2 基本假定

研究表明，混凝土在工作应力下其弹性应变和徐变应变都与应力呈线性关系[132]。因此，只要总应力不超过混凝土强度的 50%，混凝土徐变变形即符合线性黏弹性响应的 Boltzmann 叠加原理。在下列条件下，实测结果与 Boltzmann 叠加原理吻合较好。

(1) 应力数值低于混凝土强度的 40%～50%，即混凝土处于工作应力范围；

(2) 总徐变中不包含显著干燥徐变；

(3) 应变值在徐变过程中没有减小；

(4) 加载后应力值没有大幅增加。

需要指出，条件 4 对计算精度的影响相对较小，可忽略不计。其他条件则相对较为重要。混凝土徐变的试验表明，叠加原理对基本徐变符合得很好，但是对包含干燥徐变的总应变而言，由叠加原理得出的徐变恢复一般大于实际恢复。因而，应用叠加原理对递减荷载将会产生少量偏差。虽然存在以上缺点，在目前的徐变分析理论中 Boltzmann 叠加原理仍被广泛采用。本文的推导也将以 Boltzmann 叠加原理为理论基础。

6.3 黏弹性本构关系

6.3.1 单轴应力状态下的本构关系

黏弹性理论通常把黏弹性体简化为由弹性元件和黏性元件(图 6-1)组合而成的模型。弹性元件和黏性元件的本构关系可分别表达为

图 6-1 弹性元件和黏性元件

$$\sigma = E\varepsilon \tag{6-3}$$

$$\sigma = \eta\dot{\varepsilon} \tag{6-4}$$

式中，E 为弹性系数；η 为黏性系数。

将弹性元件和黏性元件组合，即可得到不同类型的黏弹性模型，可以用来解释混凝土的徐变现象。著名的 Kelvin 模型和 Maxwell 模型就是分别将弹性元件和黏性元件进行并联和串联得到的。其中，Kelvin 模型不能考虑混凝土结构的瞬时变形，而 Maxwell 模型不能考虑混凝土的长期变形，两者均不能很好地模拟混凝土材料的变形特点。

可考虑混凝土瞬时和长期变形特性的最简单黏弹性模型为标准三参数模型和标准线性固体模型，见图 6-2。在标准线性固体模型中，麦克斯韦支路和平行的弹簧经受相同的应变，总应力 σ 是每个支路中应力之和，平衡方程式中既有应力又有应力对时间的导数，求解较为困难。

因此，通常采用 Laplace 变换将微分方程转化为代数方程进行求解。需要指出，标准线性固体模型和标准三参数模型均是具有三个参数的模型，这三个参数可以描述混凝土徐变变形的一般特点，但由于这两个模型均采用了单一的松弛时间，因此该类模型在整个混凝土徐变时间内与实验数据吻合的能力并不是很好[140]。

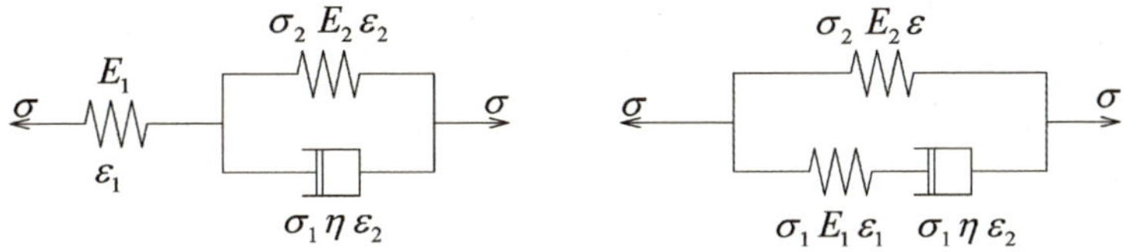

图 6－2　标准三参数模型和标准线性固体模型

为更好地考虑混凝土徐变变形特点，本文将采用广义 Maxwell 模型模拟混凝土的徐变特性。该模型由多个并联的 Maxwell 模型构成，见图 6－3。其中，每个 Maxwell 元件可采用长短不同的松弛时间，以更好地模拟混凝土所有时间段内的徐变变形。不难看出，当 Maxwell 支路数等于 1 时，上述模型将退化为标准线性固体模型。

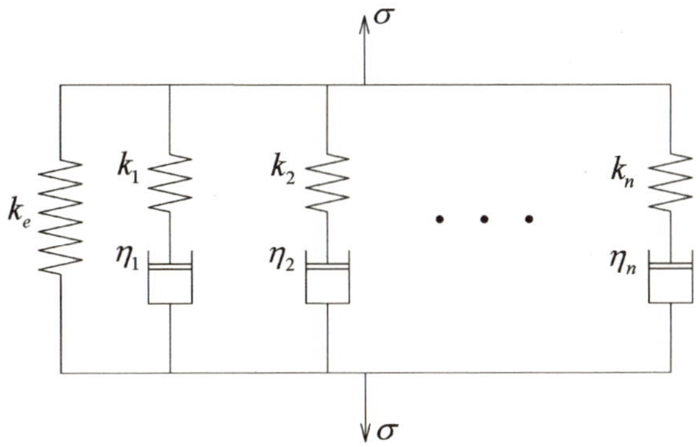

图 6－3　广义 Maxwell 模型

该模型传递的总应力 σ 等于每个支路中应力的和：

$$\sigma = \sigma_e + \sum_{i=1}^{n} \sigma_i \tag{6-5}$$

式中，σ_e 为单独的弹簧中的应力；σ_i 为第 i 个 Maxwell 支路中的应力；n 为 Maxwell 支路总数。第 i 个 Maxwell 支路中存在以下应力-应变关系：

$$k_i\dot{\varepsilon} = \dot{\sigma}_i + \frac{1}{\tau_i}\sigma_i \tag{6-6}$$

其中，k_i 为第 i 个 Maxwell 支路中弹簧的刚度；$\tau_i = \eta_i/k_i$ 为第 i 个 Maxwell 支路的松弛时间。用字母加横杠来标记 Laplace 变换后的函数如下：

$$L(\dot{\varepsilon}) = s\bar{\varepsilon}, \ L(\dot{\sigma}) = s\bar{\sigma} \tag{6-7}$$

其中，s 为 Laplace 变量。由式(6－6)、式(6－7)可求得 $\bar{\sigma}_i$ 为

$$\bar{\sigma}_i = \frac{k_i s\tau_i\bar{\varepsilon}}{1+s\tau_i} \tag{6-8}$$

对式(6－5)进行 Laplace 变换，并利用式(6－8)可得

$$\bar{\sigma} = \bar{\sigma}_e + \sum_{i=1}^{n}\bar{\sigma}_i = \left\{k_e + \sum_{i=1}^{n}\frac{k_i s\tau_i}{1+s\tau_i}\right\}\bar{\varepsilon} \tag{6-9}$$

式(6－9)即为 Laplace 平面内的黏弹性本构关系。根据应力松弛试验下的 Laplace 变换关系，对式(6－9)进行 Laplace 逆变换可得时间平面内的应力函数如下：

$$\sigma(t) = \left\{k_e + \sum_{i=1}^{n}k_i\exp\left(-\frac{t}{\tau_i}\right)\right\}\varepsilon_0 \tag{6-10}$$

式中，ε_0 为应力松弛实验的初应变。由式(6－10)可得松弛模量的表达式为

$$E_{\mathrm{rel}}(t) = k_e + \sum_{i=1}^{n}k_i\exp\left(-\frac{t}{\tau_i}\right) \tag{6-11}$$

由式(6-11)可见 $k_e + \sum k_i$ 表征了混凝土的瞬时变形特性，通常称为瞬时模量；而 k_e 则反映了混凝土的长期变形特性，记为长期模量；松弛时间 τ_i 则反映了混凝土徐变的发展特性。混凝土材料的徐变函数 $J_{\mathrm{crp}}(t)$ 也可参照上述过程根据蠕变试验结果得到，其推导过程可参考文献[59]，不再详述。

若在时刻 ξ_1 作用微小的应变（应力）$\Delta\varepsilon_1$（$\Delta\sigma_1$），欲求在其后时刻 t 由该应变引起的应力（应变）$\sigma_1(t)$（$\varepsilon_1(t)$），则可根据松弛模量（徐变函数）的定义得到

$$\sigma_1(t) = E_{\mathrm{rel}}(t-\xi_1)\Delta\varepsilon_1 \tag{6-12a}$$

$$\varepsilon_1(t) = J_{\mathrm{crp}}(t-\xi_1)\Delta\sigma_1 \tag{6-12b}$$

与此类似，作用在时刻 ξ_2 的因应变（应力）增量 $\Delta\varepsilon_1$（$\Delta\sigma_1$）引起的应力（应变）分别为

$$\sigma_2(t) = E_{\mathrm{rel}}(t-\xi_2)\Delta\varepsilon_2 \tag{6-13a}$$

$$\varepsilon_2(t) = J_{\mathrm{crp}}(t-\xi_2)\Delta\sigma_2 \tag{6-13b}$$

根据线性黏弹性响应的 Boltzmann 叠加原理，可得到这两个应变（应力）增量共同作用时的总应力（应变）为

$$\sigma(t) = E_{\mathrm{rel}}(t-\xi_1)\Delta\varepsilon_1 + E_{\mathrm{rel}}(t-\xi_2)\Delta\varepsilon_2 \tag{6-14a}$$

$$\varepsilon(t) = J_{\mathrm{crp}}(t-\xi_1)\Delta\sigma_1 + J_{\mathrm{crp}}(t-\xi_2)\Delta\sigma_2 \tag{6-14b}$$

当作用的应变（应力）增量数目增加时，应变（应力）趋于连续分布，上式可表达为 Boltzmann 叠加积分形式：

$$\sigma(t) = \int_{-\infty}^{t} E_{\mathrm{rel}}(t-\xi)\,\frac{\mathrm{d}\varepsilon}{\mathrm{d}\xi}\mathrm{d}\xi = k_e\varepsilon(t) + \sum_{i=1}^{n}\int_{-\infty}^{t} k_i\exp\left(-\frac{t-\xi}{\tau_i}\right)\frac{\mathrm{d}\varepsilon}{\mathrm{d}\xi}\mathrm{d}\xi \tag{6-15a}$$

$$\varepsilon(t) = \int_{-\infty}^{t} J_{\mathrm{crp}}(t-\xi)\,\frac{\mathrm{d}\sigma}{\mathrm{d}\xi}\mathrm{d}\xi \tag{6-15b}$$

式(6-15)即为单轴应力状态下混凝土等黏弹性材料的应力-应变关系表达式。

6.3.2 空间应力状态下的本构关系

6.3.1节关于混凝土徐变模型的本构表达式是基于简单应力状态，即单轴拉伸的情况下得到的。为便于工程应用，必须将式(6-15)表达的本构关系推广到空间应力状态。空间应力分析中，材料的本构关系通常用弹性模量 E 和泊松比 ν 表示。为便于在黏弹性理论中考虑混凝土材料的本构关系，改用剪切模量 G 和体积模量 K 描述材料的特性，两类描述方法存在以下关系：

$$K = \frac{E}{3(1-2\nu)},\ G = \frac{E}{2(1+\nu)} \tag{6-16}$$

应力(应变)张量 σ_{ij} (ε_{ij}) 可表达为应力(应变)偏量 s_{ij} (e_{ij}) 和平均应力(正应变) $\frac{1}{3}\sigma_{kk}\left(\frac{1}{3}\varepsilon_{kk}\right)$ 的和：

$$\sigma_{ij} = s_{ij} + \frac{1}{3}\sigma_{kk}\delta_{ij} \tag{6-17a}$$

$$\varepsilon_{ij} = e_{ij} + \frac{1}{3}\varepsilon_{kk}\delta_{ij} \tag{6-17b}$$

对各向同性弹性材料，本构方程可以表示为

$$s_{ij} = 2Ge_{ij} \tag{6-18a}$$

$$\sigma_{kk} = 3K\varepsilon_{kk} \tag{6-18b}$$

考虑到上述关系根据几何方程得到，并不需要考虑时间因素的影响，因Laplace变换只影响到时间参数而不会影响空间参数[140]，故可直接将式(6-15)单轴应力状态下的本构关系直接推广到三维应力状态：

$$s_{ij}(t) = 2G_0 e_{ij}(t) + \sum_{i=1}^{n} \int_{-\infty}^{t} 2G_i \exp\left(-\frac{t-\xi}{\tau_i}\right)\frac{\mathrm{d}e_{ij}}{\mathrm{d}\xi}\mathrm{d}\xi \tag{6-19a}$$

$$\sigma_{kk}(t) = 3K_0 \varepsilon_{kk}(t) + \sum_{i=1}^{n} \int_{-\infty}^{t} 3K_i \exp\left(-\frac{t-\xi}{\tau_i{}'}\right)\frac{\mathrm{d}\varepsilon_{kk}}{\mathrm{d}\xi}\mathrm{d}\xi \tag{6-19b}$$

式中，G_0，G_i，K_0，K_i，τ_i 和 $\tau_i{}'$ 均为材料常数，可根据试验或规范确定。G_0 和 K_0 分别代表了混凝土长期剪切和体积模量，$G_0 + \sum G_i$ 和 $K_0 + \sum K_i$ 则分别代表了混凝土瞬时剪切和体积模量，τ_i 和 $\tau_i{}'$ 用以反映混凝土材料的徐变特性。

实际工程中，通常假定混凝土材料的静水压力变形可以忽略，即忽略体积模量随时间的变化。需要指出，我国 04 规范中规定混凝土泊松比取定值 0.2，因此为按照 04 规范计算混凝土徐变变形必须考虑混凝土体积模量的变化。

6.4　考虑徐变的非协调元有限元列式

由式(6 - 19)的本构关系可见，徐变变形的发展不仅与当前时刻的应力应变相关，还依赖于徐变发展的历史。因此，为确定当前时刻混凝土的应力(应变)状态，必须存储此前所有时刻的混凝土应力应变状态，这在理论上并无特殊困难，但记录整个徐变变形的历史需要大量内存空间，限制了问题的求解规模，不便于在实际工程中应用。为克服该缺陷，Zienkiewicz 等[141]和 Taylor 等[142]分别给出了式(6 - 19)卷积积分的递推公式。此外，Herrmann 和 Peterson[143] 采用中点积分法计算式

(6-19)的卷积积分，也取得了较好的计算精度。其后，Simo[144]又对该积分方案做了进一步改进。本节将基于上述研究成果，推导非协调组合单元考虑混凝土徐变时的有限元公式。为简化数学推演过程，仅对单轴应力状态下本构关系式(6-15)进行推导，空间应力状态下的有限元实现将直接给出，不再做详细推导。

黏弹性有限元分析中，应力与应变都与时间有关，有限元计算中必须考虑某一时间增量 Δt 内的应力和应变变化。将式(6-15)中的时间域进行离散，记时间分点为 $0=t_0<t_1<\cdots<t_n<t_{n+1}<\cdots$，假定 t_n 时刻的应力应变状态已知，分别记为 σ^n 和 ε^n。则 t_{n+1} 时刻的应力可表达为

$$\sigma_{n+1}=k_e\varepsilon^{n+1}+\sum_{i=1}^{n}k_ih_i^{n+1} \tag{6-20}$$

式中，$h_i^{n+1}=\int_0^{t_{n+1}}\exp\left(-\frac{t_{n+1}-\xi}{\tau_i}\right)\frac{\mathrm{d}\varepsilon}{\mathrm{d}\xi}\mathrm{d}\xi$，可进一步表达为

$$h_i^{n+1}=\int_0^{t_n}\exp\left(-\frac{t_{n+1}-\xi}{\tau_i}\right)\frac{\mathrm{d}\varepsilon}{\mathrm{d}\xi}\mathrm{d}\xi+\int_{t_n}^{t_{n+1}}\exp\left(-\frac{t_{n+1}-\xi}{\tau_i}\right)\frac{\mathrm{d}\varepsilon}{\mathrm{d}\xi}\mathrm{d}\xi \tag{6-21}$$

假定在时间段 $[t_n, t_{n+1}]$ 内，有

$$\frac{\mathrm{d}\varepsilon}{\mathrm{d}\xi}=\frac{\varepsilon^{n+1}-\varepsilon^n}{\Delta t_n} \tag{6-22}$$

式中，$\Delta t_n=t_{n+1}-t_n$。

对式(6-21)第二项的积分可采用中点积分法则计算[143, 144]，或通过变量替换直接积分[50]。因此

$$h_i^{n+1}=\exp(-\Delta t_n/\tau_i)h_i^n+\frac{\tau_i(\varepsilon^{n+1}-\varepsilon^n)}{\Delta t_n}\{1-\exp(-\Delta t_n/\tau_i)\} \tag{6-23}$$

借助上述 h_i^{n+1} 的递推关系和式(6－20)可得增量型本构关系如下：

$$\Delta\sigma^n = k_e\Delta\varepsilon^n + \sum_{i=1}^{n} k_i(h_i^{n+1} - h_i^n) \tag{6-24}$$

当时间 Δt_n 增量足够小时，上式简化为

$$\Delta\sigma^n = \left[k_e + \sum_{i=1}^{n} k_i \frac{1-\exp(-\Delta t_n/\tau_i)}{\Delta t_n/\tau_i}\right]\Delta\varepsilon^n \tag{6-25}$$

式中，$\Delta\varepsilon^n = \varepsilon^{n+1} - \varepsilon^n$。

因此，可以得到黏弹性分析所需要的本构矩阵：

$$D_{\mathrm{T}} = k_e + \sum_{i=1}^{n} k_i \frac{1-\exp(-\Delta t_n/\tau_i)}{\Delta t_n/\tau_i} \tag{6-26}$$

需要指出，当时间步长 Δt_n 趋于 0 时，式(6－26)分母为 0，导致奇异。为此，对极小的时间步长，本构矩阵采用下述级数展开的形式进行计算：

$$D_{\mathrm{T}} = k_e + \sum_{i=1}^{n} k_i\left\{1 - \frac{1}{2}\left(\frac{\Delta t_n}{\tau_i}\right) + \frac{1}{3!}\left(\frac{\Delta t_n}{\tau_i}\right)^2 - \frac{1}{4!}\left(\frac{\Delta t_n}{\tau_i}\right)^3 + \cdots\right\} \tag{6-27}$$

通常，仅取前面几项即可获得满足精度要求的解答。对大的时间步长可直接按照式(6－26)计算。不难看出，切线刚度矩阵仅与时间增量步长有关，因此该问题的系统刚度矩阵计算仅需在时间增量步长改变时执行一次即可。

类似地，可得三维应力状态下的增量本构关系表达式：

$$\Delta s_{ij} = 2\left\{G_0 + \sum_{i=1}^{n} G_i \frac{1-\exp(-\Delta t_n/\tau_i)}{\Delta t_n/\tau_i}\right\}\Delta e_{ij} \tag{6-28a}$$

$$\Delta\sigma_{kk} = 3\left\{K_0 + \sum_{i=1}^{n} K_i \frac{1-\exp(-\Delta t_n/\tau_i{}')}{\Delta t_n/\tau_i{}'}\right\}\Delta\varepsilon_{kk} \tag{6-28b}$$

用有限元法求解混凝土徐变问题时，通常采用 Newton 迭代法进行。对一般的协调单元考虑 t_{n+1} 时刻的平衡：

$$\begin{aligned}\boldsymbol{\Psi} &= \sum\int_{V^e}\boldsymbol{B}^{\mathrm{T}}\boldsymbol{\sigma}^{n+1}\mathrm{d}V-\boldsymbol{F}_{\mathrm{ext}}^{n+1}=\sum\int_{V^e}\boldsymbol{B}^{\mathrm{T}}(\boldsymbol{\sigma}^{n}+\Delta\boldsymbol{\sigma}^{n})\mathrm{d}V-\boldsymbol{F}_{\mathrm{ext}}^{n+1}\\ &=\sum\int_{V^e}\boldsymbol{B}^{\mathrm{T}}\boldsymbol{D}_{\mathrm{T}}\boldsymbol{B}\Delta\boldsymbol{d}^{n}\mathrm{d}V-\left(\boldsymbol{F}_{\mathrm{ext}}^{n+1}-\sum\int_{V^e}\boldsymbol{B}^{\mathrm{T}}\boldsymbol{\sigma}^{n}\mathrm{d}V\right)\\ &=\boldsymbol{K}^{n}\Delta\boldsymbol{d}^{n}-\Delta\boldsymbol{F}^{n}\end{aligned}\tag{6-29}$$

式中

$$\boldsymbol{K}^{n}=\sum\int_{V^e}\boldsymbol{B}^{\mathrm{T}}\boldsymbol{D}_{\mathrm{T}}\boldsymbol{B}\mathrm{d}V,\ \Delta\boldsymbol{F}^{n}=\left(\boldsymbol{F}_{\mathrm{ext}}^{n+1}-\sum\int_{V^e}\boldsymbol{B}^{\mathrm{T}}\boldsymbol{\sigma}^{n}\mathrm{d}V\right)\tag{6-30}$$

式中，$\boldsymbol{B}$ 为应变位移矩阵；$\boldsymbol{\sigma}$ 为应力矢量阵；$\boldsymbol{F}_{\mathrm{ext}}^{n+1}$ 为外力等效节点力；$\Delta\boldsymbol{F}^{n}$ 为外力等效节点力与内力等效节点力的残差。若单元中含有不同的材料，可进一步将式(6-30)中的积分域转化为分块积分的形式，见第 5 章。

式(6-30)给出了常规协调单元的切线刚度阵和等效节点力计算方法。对非协调组合单元而言，应力计算时必须考虑单元内部自由度的影响。切线刚度矩阵计算时，除采用黏弹性材料的本构矩阵 $\boldsymbol{D}_{\mathrm{T}}$ 外，在系统刚度矩阵组集前需要执行单元内部自由度凝聚。对内力等效节点力的计算，可根据胡海昌-鹫津久(Hu-Washizu)变分原理得到

$$\boldsymbol{F}_{\mathrm{int}}^{n+1}=\int_{V}\boldsymbol{B}^{\mathrm{T}}\boldsymbol{\sigma}(\hat{\boldsymbol{d}}^{e},\ \tilde{\boldsymbol{d}}^{e})\mathrm{d}V\tag{6-31}$$

有关上式的详细推导可参考 Simo 和 Rifai 所做的工作[24]，不再详述。切线刚度矩阵的准确与否仅影响迭代次数，不影响计算精度。因此，时间增量 Δt_n 足够小的假定不会影响最终的解答精度。但为准确计算各时间点的应力状态，必须准确计算单元内力等效节点力，否则将导致数值解的漂移。

6.5　程序实现

根据前述推导过程得到单元切线刚度矩阵和内力等效节点力后，即可采用 Newton 法求解混凝土的徐变响应，简述过程如下：

(1) 在当前迭代步更新单元节点位移：

$$\hat{\boldsymbol{d}}^{(k+1)} = \hat{\boldsymbol{d}}^{(k)} + \Delta\hat{\boldsymbol{d}}^{(k)} \tag{6-32}$$

(2) 根据单元节点位移更新单元内部自由度：

$$\tilde{\boldsymbol{d}}^{(k+1)} = \tilde{\boldsymbol{d}}^{(k)} - \boldsymbol{K}_{\mathrm{au}}^{*}\hat{\boldsymbol{d}}^{(k+1)} \tag{6-33}$$

式中，$\boldsymbol{K}_{au}^{*}$ 的含义见第 4 章。

(3) 计算单元高斯点应变：

$$\boldsymbol{\varepsilon}^{(k+1)} = \hat{\boldsymbol{B}}\hat{\boldsymbol{d}}^{(k+1)} + \tilde{\boldsymbol{B}}\tilde{\boldsymbol{d}}^{(k+1)} \tag{6-34}$$

式中，$\hat{\boldsymbol{B}}$ 和 $\tilde{\boldsymbol{B}}$ 分别为协调和非协调位移应变矩阵。

(4) 利用存储的上一时刻 t_n 的历史量 h_i^n，根据式(6-20)计算高斯点应力 $\boldsymbol{\sigma}^{(n+1)}$。

(5) 采用式(6-31)计算内力等效节点力。

(6) 单元内力等效节点力组集后，计算外力等效节点力和内力等效节点力的残差，并求解得当前迭代步位移增量 $\Delta\hat{\boldsymbol{d}}^{(k)}$。

(7) 根据当前迭代步位移增量判断解的收敛性。若解答满足精度要求，计算并存储当前 t_{n+1} 时刻的历史量 h_i^{n+1}，进入下一时刻的计算。若解答不满足精度要求，返回步骤(1)继续进行下一迭代步计算。

不难看出：在整个计算过程中，当采用单一时间步长时，单元刚度矩阵的计算和系统刚度矩阵的组集只需执行一次；由于前述迭代公式的采用，计算过程中只需要保存上一时刻的单元应力状态，节约了内存空间。

6.6 单元考核

6.6.1 单元基本性能测试

根据 6.5 节的步骤，编制了考虑混凝土徐变的有限元程序。为考核程序的正确性，对典型算例进行了分析，并与通用有限元程序 ABAQUS 的解答做了比较。图 6-4 为分别承受轴向拉力和面内弯矩的悬臂梁，采用一个单元进行网格划分。分别取不同的 Maxwell 支路数 $n=1$ 和 $n=2$ 进行计算，材料性质参数取值见表 6-1。

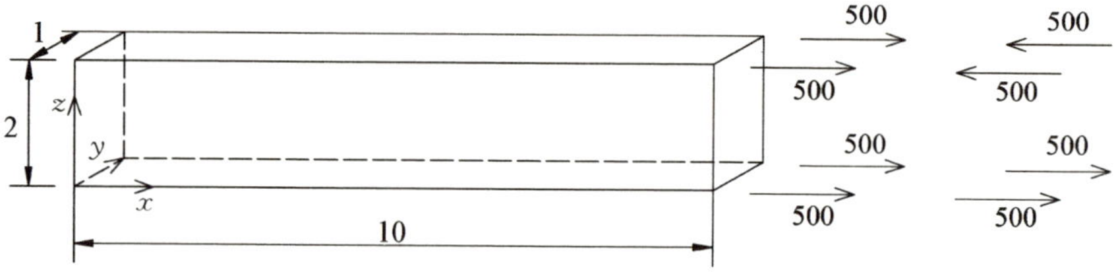

图 6-4　承受拉力和弯矩的悬臂梁

表 6-1　模型材料参数

Maxwell 支路数 n	G_∞	K_∞	G_1	K_1	τ_1	G_2	K_2	τ_2
1	480	800	120	200	1.0	—	—	—
2	480	800	60	100	1.0	60	100	10.0

当该悬臂梁承受轴向荷载时，悬臂梁为常应变状态，非协调位移模式不会被激发，将得到同三维实体单元一致的解答，见图 6-5；当悬臂梁承受面内弯矩时，高阶非协调位移模式被激发，本文单元应该能反映

其弯曲变形，见图 6－6。考虑到常规协调元因厚度锁闭影响，不能很好地反映梁的弯曲变形，图 6－6 中未列出。

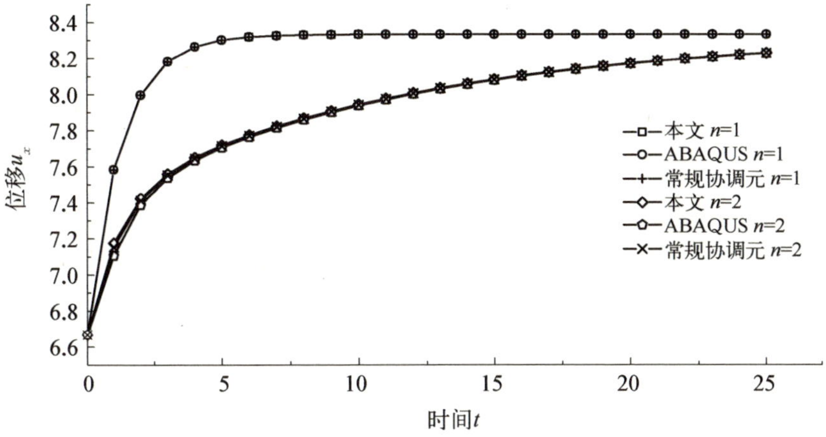

图 6－5　轴力荷载作用下悬臂梁自由端位移随时间的变化

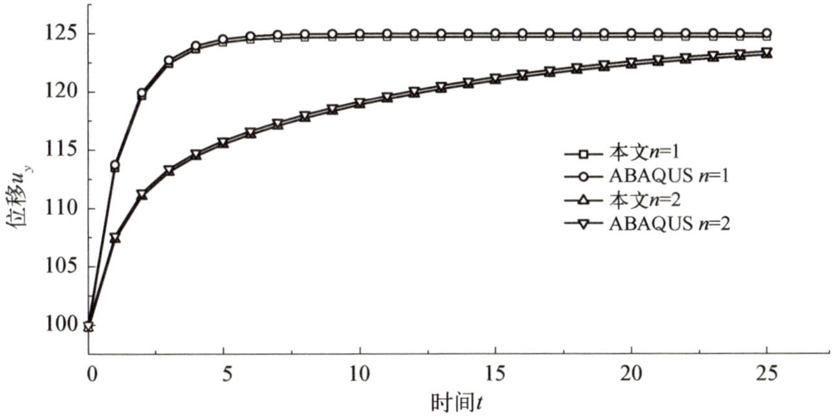

图 6－6　弯矩荷载作用下悬臂梁自由端位移随时间的变化

由图 6－5、图 6－6 不难看出，悬臂梁在自由端加载瞬间，产生瞬时变形，变形随着时间发展的不断增加，一定时间后变形趋于稳定。此外，采用不同 Maxwell 支路的模型计算结果表明，松弛时间将影响混凝土徐变变形的发展历史。本文编制的程序可获得同 ABAQUS 软件相近的数值解答，验证了程序的正确性。

6.6.2 钢-混凝土组合截面桥梁徐变分析

钢-混凝土组合截面桥梁结构中，混凝土的徐变特性在很大程度上影响着结构的变形和内力状态，混凝土徐变效应除了会降低结构刚度外，还将引起钢-混凝土组合桥梁的应力重分布。因此，进行钢-混凝土组合桥梁结构的徐变分析对桥梁的施工、设计乃至维护有重要意义。研究组合截面桥梁的徐变问题，不仅要涉及徐变问题本身，而且还涉及钢与混凝土构件在受力中的截面组合问题。目前，已有许多研究人员针对钢-混凝土组合结构的特点，给出了该类结构的徐变分析方法。Gilbert 和 Bradford[149]基于平衡方程和协调条件采用换算截面方法对钢-混凝土组合桥梁的徐变效应进行了分析。Kwak 和 Seo[62]则采用层合方法分析了复合截面多跨连续梁桥的长期性能。Jurkiewiez 等采用层合板壳方法对薄壁钢筋混凝土复合结构进行分析[61]。顾安邦等[150]做了钢管混凝土拱桥的收缩徐变模型实验，并采用钢筋混凝土收缩徐变的计算方法加以拟合取得了一批研究成果。张治成[151]采用 ANSYS 软件通过设置共节点的两单元分别模拟钢管和核心混凝土，用换算弹性模量方法分析钢管混凝土拱桥的徐变效应。程晓东等[152]基于徐兴教授提出的退化单元对钢管混凝土结构的徐变效应做了分析。

多数文献[62, 149, 151]对徐变效应的分析是在单轴应力假定下进行的。考虑到钢-混凝土组合结构的材料特点，采用有限元方法分析钢-混凝土组合结构多轴应力状态(空间应力状态)下的徐变效应时，需要根据材料边界和截面的几何特征划分单元，导致系统自由度增加，降低了求解效率。为改善钢混凝土组合结构徐变效应分析的求解效率，可将第 5 章构造的组合单元用于该类结构的徐变分析。以下将结合 Kwak 等给出的两跨钢混凝土结合梁，阐述本文方法的特点并研究钢混凝土组合结构的位移和应力变化。

钢-混凝土组合梁的几何尺寸和荷载取值同第 5 章算例 4，分别见图 5－11 和表 5－5。材料的徐变性质参数见表 6－2。考虑到 Kwak 等分析时采用了 ACI 混凝土徐变模型，本文采用 4 个 Maxwell 支路对 ACI 模型的徐变系数进行非线性最小二乘拟合，确定黏弹性分析的模型参数，计算过程见 6.7 节内容，不再赘述。拟合后黏弹性模型的参数取值见表 6－3。

表 6－2　材料性质参数

徐变模型	徐变系数终极值	混凝土弹性模量	钢弹性模量	Maxwell 支路数 n
ACI	2.5	2.2×10^4 MPa	2.0×10^5 MPa	4

表 6－3　广义 Maxwell 黏弹性模型参数取值

支路	G_∞	K_∞	G_i	K_i	τ_i
0	$0.314\,286\times10^{10}$	$0.209\,524\times10^{10}$	—	—	—
1	—	—	$0.149\,622\times10^{10}$	$0.099\,748\times10^{10}$	0.237 1
2	—	—	$0.348\,960\times10^{10}$	$0.232\,643\times10^{10}$	6.032 5
3	—	—	$0.197\,175\times10^{10}$	$0.131\,450\times10^{10}$	62.500
4	—	—	$0.089\,947\times10^{10}$	$0.059\,965\times10^{10}$	927.33

根据第 5 章的分析，对该桥整个横截面采用两个单元模拟即可达到满意的计算精度。因此在徐变分析中，在梁的纵向每 2.0 m 划分 1 个单元，而整个横截面仅划分 2 个单元，其中工字钢梁采用一个组合单元划分，整个系统共划分 40 个单元和 126 个节点(含虚拟节点)，有限元网格见图 6－7。在混凝土徐变分析中，取等时间步长 1.0 d，计算了开始加载后 1 000 d 内混凝土徐变的发展情况。为考查本文方法的计算精度，还采用 ABAQUS 软件分析了该问题。

需要指出，为能准确描述钢-混凝土组合截面的几何构造，采用 ABAQUS 三维单元分析时至少需划分 504 个节点和 240 个单元。此外，Cheng 等[60]采用基于 16 节点退化板壳元构造的组合单元对该问题

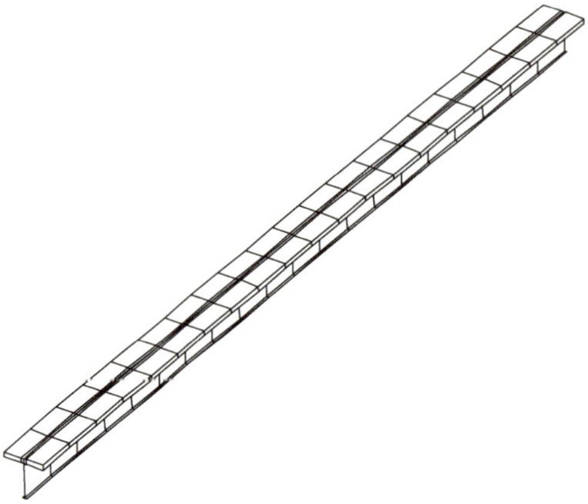

(a) 整体有限元网格

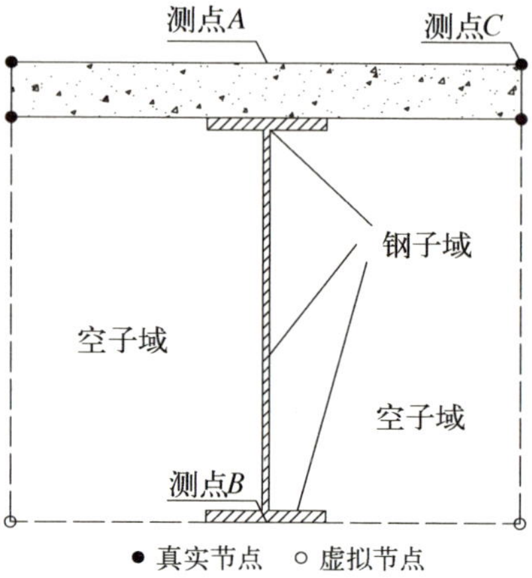

(b) 横截面网格

图 6-7 有限元模型

进行了分析,共采用了 393 个节点和 40 个单元,系统自由度约为本文方法的 3 倍。

由表 6-4 的结果可见,本文方法仅需 1/4 的系统自由度即可获得与 ABAQUS 程序较接近的结果(误差 3%以内),证实了本文方法的可靠性和有效性。需要指出,因计算中未考虑混凝土的收缩变形,本文的跨中挠度计算值要比 Kwak 等给出的结果要小。

表 6-4 不同时刻跨中($x=10$ m)位置 A 点竖向位移 单位: mm

项 目	时刻 t/d								
	1	3	7	14	28	180	365	730	1 000
本 文	4.346	4.432	4.556	4.690	4.819	5.175	5.277	5.359	5.401
ABAQUS	4.414	4.532	4.667	4.812	4.950	5.319	5.424	5.508	5.550

图 6-8 给出了不同龄期时沿梁的轴线方向各点的挠度变化,图 6-9 为因混凝土徐变效应导致的钢-混凝土组合结构跨中位置 B(钢)、C(混凝土)测点的轴向应力变化。不难看出:混凝土徐变导致结构刚度

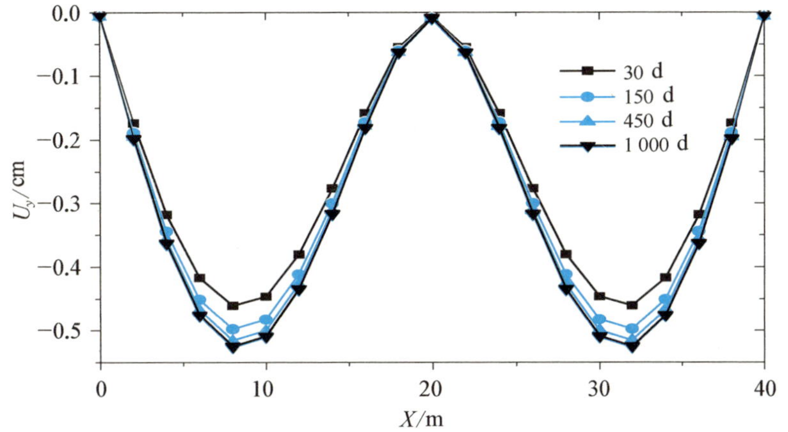

图 6-8　连续梁挠度随时间的变化

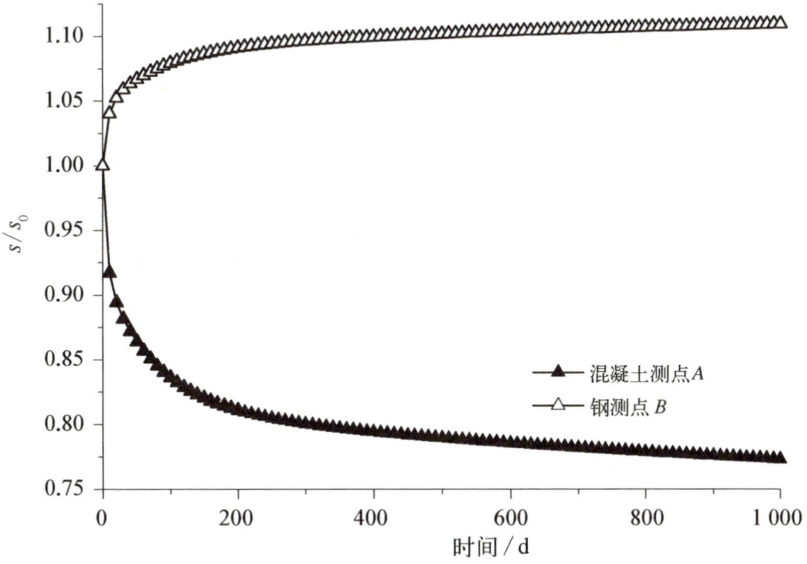

图 6-9　轴向应力随时间的变化

降低，变形不断增加，且其变形在前期发展较快，后期发展减缓，并逐渐趋于稳定；此外，徐变还将引起钢-混凝土组合结构的应力重分布，导致钢材料的应力增长和混凝土材料的应力降低。因工字钢对该结构的刚度贡献较大，因此应力变化的幅值还不是很明显。但对以混凝土为主的钢筋混凝土结构而言，混凝土徐变将对其钢筋应力变化有显著影响，设计时必须予以充分重视。

6.7 04规范混凝土徐变计算

目前，国内外针对混凝土徐变提出了各种经验公式，由于各公式考虑的因素不同，混凝土徐变的数学表达式也不尽相同。在这些表达式中，以 CEB-FIP 公式应用最为广泛，我国现行《预应力混凝土桥涵设计规范》(JTG D62—2004)即根据 1990 年《CEB-FIP 模式规范》提供的公式得到。规范中采用徐变系数来考虑混凝土徐变的影响，将混凝土徐变系数定义为名义徐变系数和加载后徐变随时间的发展系数的乘积形式，与混凝土的加载龄期、混凝土标号以及环境湿度和构件理论厚度等因素相关。与 85 规范相比，04 规范的徐变计算公式更加简洁明了。为使广义 Maxwell 模型可以按照 04 规范的要求考虑混凝土的徐变效应，可以采用不同的方法按照规范给出的徐变系数确定广义 Maxwell 模型的黏弹性参数。其中，最简单的方法可描述为[54]：

(1) 根据规范确定的徐变系数计算混凝土在不同龄期的松弛模量。

(2) 按照 04 规范，取 10 年延续期时的松弛模量作为混凝土的长期模量，并分别计算混凝土的长期体积模量 K_∞ 和剪切模量 G_∞。

(3) 选取关键龄期作为各 Maxwell 支路的松弛时间 τ_i，取样点数等于广义 Maxwell 模型支路个数。

(4) 根据混凝土关键龄期时的松弛模量分别计算此时的体积模量 $K(t)$ 和剪切模量 $G(t)$，并建立代数方程组。

(5) 求解代数方程组，确定各 Maxwell 支路的剪切模量 G_i 和体积模量 K_i。

(6) 调整第一 Maxwell 支路的体积模量 K_1 和剪切模量 G_1 使确定的参数满足 $K_0 = K_\infty + \sum K_i$ 和 $G_0 = G_\infty + \sum G_i$。

为实现上述过程，本文编制了计算程序，以便根据 04 规范要求确定广义 Maxwell 模型的计算参数，见图 6 - 10。需要指出，上述方法虽然十分简便，但是取样点较少时对混凝土徐变曲线的拟合误差较大。为此，Kwak 等[62]建议在确定松弛时间后，通过最小二乘法确定各 Maxwell 支路的剪切模量 G_i 和体积模量 K_i，详见文献[62，145]。

李国平等[146]曾基于国际预应力协会推荐的混凝土徐变计算公式对 85 规范中的徐变计算式采用多项指数函数进行拟合，并采用初应变有限元方法考虑钢-混凝土组合结构的徐变效应。此外，李学文等[147]为节省初应变法计算混凝土徐变的存储空间，也采用指数函数对 04 规范的徐变系数进行拟合。该方法首先基于线性最小二乘法的分段拟线性回归法对徐变系数函数进行初步曲线拟合，再采用非线性最小二乘法对徐变函数进行进一步曲线拟合，从而将徐变系数函数拟合成指数函数的形式。周水兴等[148]根据混凝土的徐变特性，选取指数函数作为基函数，选用共轭斜量法对混凝土徐变的试验数据进行拟合，拟合结果与试验结果吻合较好。

文献[146 - 148]中都采用了指数函数作为基函数对混凝土徐变实验数据或规范公式进行拟合，与本文广义 Maxwell 黏弹性模型的本构关系式相似。因此，上述文献中的方法均可用来确定本文广义 Maxwell 模型的计算参数，以便按照 04 规范方法考虑混凝土的徐变效应。

实际应用中，可将图 6 - 10 计算程序确定的模型参数作为非线性最小二乘拟合的初始值进行参数优化，从而确定最终的广义 Maxwell 模型的参数取值。非线性最小二乘拟合的过程可直接借助 Matlab 或 Origin 等的优化/拟合工具实现，无需额外的程序编制，不再详述。计算表明，一般只需取 3～4 个 Maxwell 支路即可准确拟合 04 规范给出的徐变表达式。

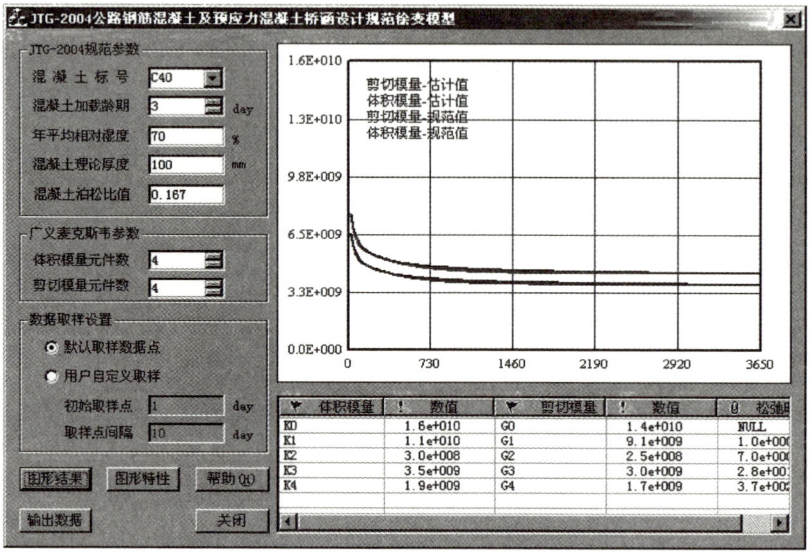

图 6-10　广义 Maxwell 黏弹性模型计算参数确定

6.8　本章小结

(1) 基于三维黏弹性理论考虑混凝土徐变效应，使前文构造的组合单元可用于考虑混凝土桥梁的长期时间效应和钢混凝土组合结构的应力重分布。

(2) 相对于具有单一松弛时间的黏弹性模型，广义 Maxwell 模型采用了更多的参数模拟混凝土徐变曲线，因此可更好地反映混凝土结构的徐变特性。

(3) 采用广义 Maxwel 模型拟合 04 规范规定的混凝土徐变系数曲线，使得本文方法可直接用于桥梁结构设计以考虑混凝土徐变效应。

第7章 桥梁动力特性分析实例

7.1 概　述

斜拉桥是大跨度桥梁的主要结构形式之一，其动力特性反映了斜拉桥的质量分布和刚度特性，对正确进行桥梁抗风、抗震研究具有重要意义，是斜拉桥计算的重要内容之一。虽然斜拉桥的抗风稳定性和抗震性能都建立在其动力特性基础上，但抗风和抗震对斜拉桥动力特性分析有不同侧重点。通常，抗风稳定分析需要斜拉桥的第一阶竖弯、第一阶扭转以及第一阶侧弯振型。对斜拉桥抗震，第一阶反对称竖弯和第一阶反对称纵飘最为重要。就桥梁抗风所关注的扭转和侧弯而言，必须考虑斜拉桥的空间计算模式。考虑到地震动的随机性和地面运动在空间上的显著变化性，斜拉桥抗震分析也需要在空间计算模型基础上研究其动力特性。

斜拉桥动力特性分析是比较复杂的力学问题。斜拉桥由主塔、主梁和斜拉索组成，斜拉索、主梁和桥塔的模拟直接影响到动力特性分析的计算精度。为尽可能提高斜拉桥动力特性分析的计算精度，对这类结构通常采用有限元程序计算。为准确描述斜拉桥的刚度和质量分布，最精确的方法是采用三维实体单元对桥梁结构进行细致离散。其优点在于能够准确地描述结构几何形状，缺点是其庞大的计算量对总体分析是一种浪费，有时计算机难以胜任。另一类方法是将斜拉桥离散为杆、梁和板壳的组合结构，这类方法对变截面主梁和存在中空区域的箱梁，很难描述桥梁的实际几何特性，且板梁组合模型由于所采用的板壳单元每个节点通常只存在 5 个真实自由度，不存在面内刚度，在与空间梁单元连接时需通过罚函数法引入附加刚度矩阵[67]。此外，当梁的形心和板的中面间的偏心距较大时，需在组集梁单元刚度矩阵前进行预处理，以反映截面偏移影响。建立能准确描述桥梁结构几何形状，且能反映其受力性能的有限元模型是桥梁结构动力分析的关键。

为此，本章将采用前面构造的组合单元对杭州文晖斜拉桥的动力特性进行分析，并与脉动试验得到的实测结果进行比较。需要指出，项贻强、汪劲丰等[52, 153-155]曾采用基于实体退化方法构造的组合单元对该桥的静动力特性、结构损伤识别和健康监测评估做了系统性的研究工作。为考察本文方法同已有数值方法在模型和计算精度上的差异，与上述研究工作做了简单比较。

7.2　文晖大桥概况[154-158]

文晖大桥位于浙江省杭州市文晖路，跨越艮山门编组站，与铁路斜交(交角为 85°05′)，是杭州市的一条主要交通干道。桥址处地形平坦，地面标高在 5.5～6.0 m 之间。文晖大桥由主桥和引桥组成，主桥采用 103 m＋240 m＋103 m 预应力混凝土斜拉桥，两端各伸出 2 m 长牛腿，全长 450 m(图 7－1)。两端引桥采用 4×25 m 预应力混凝土连续箱梁。

根据地质钻探资料，全桥基础均采用钻孔桩，由于受铁路及艮山门通讯工区的限制，为减小承台尺寸，主塔基础采用 ϕ250 cm 的钻孔桩，每个塔柱下设置 7 根钻孔桩，呈梅花形布置，主塔承台为哑铃形。承台纵

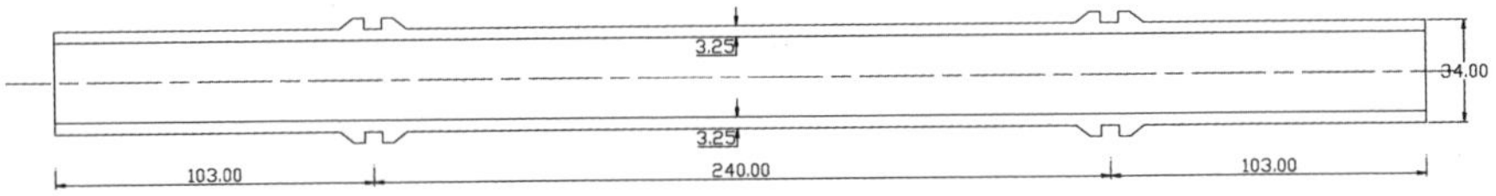

(a) 文晖大桥平面图

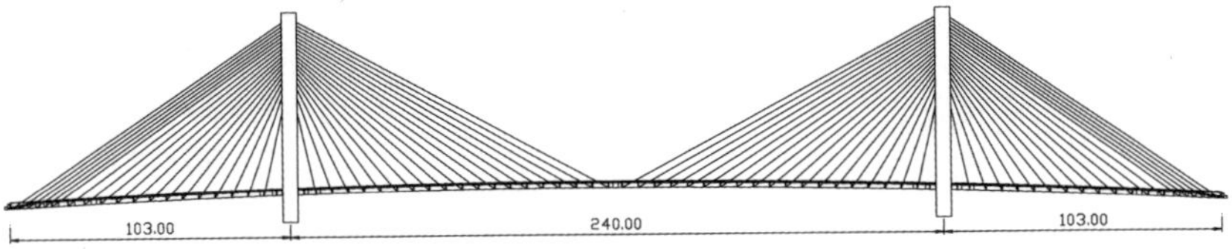

(b) 文晖大桥立面图

图 7-1　文晖大桥总体布置图(单位: m)

桥向长度 15 m,横桥向长度 16.5 m,两承台中心距离 26.7 m,用宽 5.5 m的混凝土系梁相连,承台厚度为 5.0 m。

主桥桥面宽 34 m,其中机动车道宽 23.5 m,双向 6 车道,中间设 0.5 m宽的分割带,斜拉索及其护栏每侧宽 1.5 m,自行车推行道及人行道宽 3.75 m;引桥桥面宽 25.5 m,其中机动车道宽 23.5 m,两边分别设有 0.5 m 宽的养护专用道和 0.5 m 宽的防撞护栏。

主桥设计纵坡为 5%的人字坡,变坡点里程为 K1+119.29,位于$R=$ 4 000 m的竖曲线上,两端各进入主桥 104 m 后其纵坡小于 3%。跨铁路线要求桥下净高不小于 6.8 m,考虑到牵引悬臂挂篮施工的要求,要求桥下净高不小于 8.5 m,上塘路侧边孔跨绍兴路,桥下净高不小于 4.5 m。

斜拉桥主梁为双向预应力混凝土结构,混凝土标号为 C50;截面为双实心边主梁形式,梁高 2.5 m,横坡 1.5%;两实心边主梁中心距为 25.5 m,两侧各有 3.25 m 宽的悬臂板(图 7-2a),主塔附近加宽至 6.85 m(图 7-2c),实心纵梁直接用横梁及桥面板相连。在边跨边墩附近主梁为全截面实心压重段(图 7-2b),主梁伸出边支座中心 2.0 m,引桥箱梁压在牛腿上,以提供压重。边跨其余大部分为标准节段,标准节段桥面板厚度为 28 cm,顺桥向每隔 6 m 设置一道横梁,其间距与索距相同，横梁厚度为 30 cm。桥面铺装采用 6 cm 防水混凝土加 4 cm 沥青混凝土。主梁分为 0 号节段、标准节段、实心段、变宽段和合拢段 5 种类型，全桥共计 75 个节段。

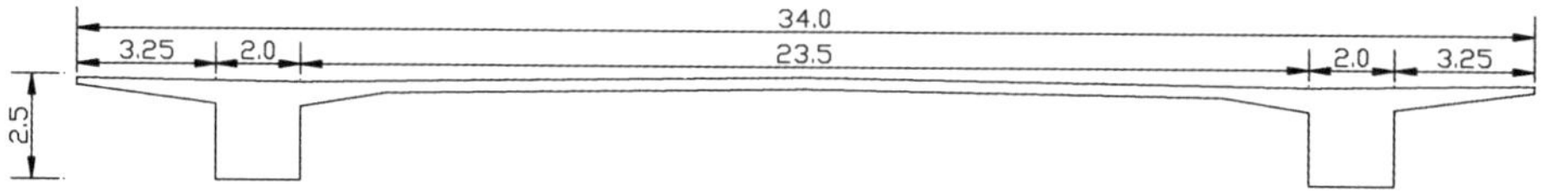

(a) 主梁标准节段截面

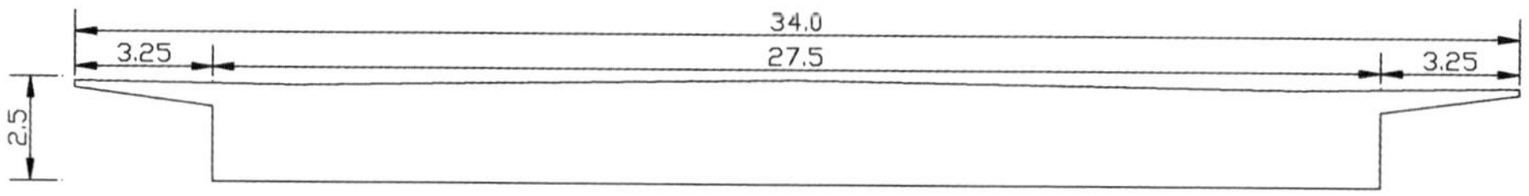

(b) 主梁压重节段截面

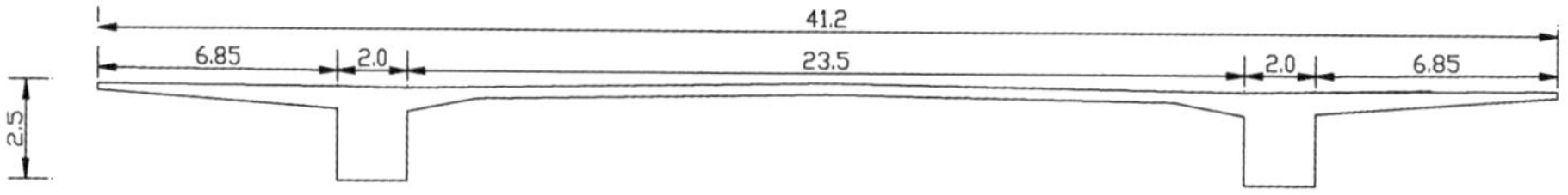

(c) 主梁加宽节段截面

图 7 - 2　主梁典型横断面图(单位: m)

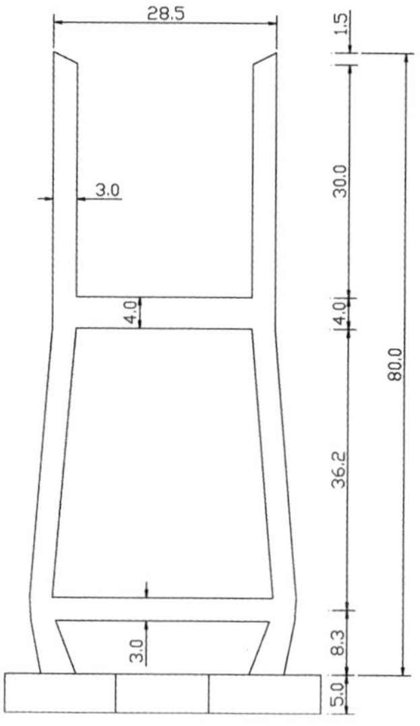

图 7 - 3　主塔横桥向立面图(单位: m)

主塔采用 H 形混凝土桥塔，自承台顶至塔顶高 80.0 m，见图 7 - 3。共设置两道横梁，下横梁高 3.0 m，宽 5.2 m，为单室箱形截面，壁厚为 40 cm，其竖向中线距承台顶面 8.3 m；上横梁高 4.0 m，宽 5.2 m，为单室箱形截面，壁厚 40 cm，其竖向中线距承台顶面 46.5 m。两横梁将整个塔柱划分为三个部分，下横梁中线以下部分为下塔柱，下横梁中线以上至上横梁段为中塔柱，上横梁以上部分为上塔柱。其中，下塔柱部分为实心矩形截面，高 8.3 m，其上部截面为 5.5 m×3.0 m，下部截面尺寸为 5.5 m×4.5 m。中塔柱为两空心斜柱，倾斜率为 1∶12.07，中塔柱高 36.2 m，截面为单室箱形截面，顺桥向宽 5.5 m，横桥向宽 3.0 m，壁厚分别为 60 cm 和 90 cm，中塔柱下部有一段 3.1 m 高的实心段。上塔柱为两空心直立柱，该部分为斜拉索的锚固段，高为 31.5 m，上塔柱为单室箱形截面，顺桥向宽度为 5.5 m，横桥向宽度为 3.0 m，斜拉索锚固侧壁厚 120 cm，其余两侧壁厚 60 cm。此外，在桥塔的顶部还设有 1.5 m 高的装饰段。

斜拉索采用扇形布置，每塔 19×2 对，不设 0 号索，全桥共计 152 根。主梁上索的基本间距为 6 m(靠近两端为 3 m)，塔上索的基本间距为 1.4 m，斜拉索采用 ϕ7 mm 镀锌平行钢丝，两端采用冷铸锚，索的外侧包裹黑色和彩色 PE 防护各一层。每根斜拉索均设置减震器，并在其下端 2.5 m 高的范围包设不锈钢管保护套。全桥斜拉索共有 7 种，分别为 109 - ϕ7、127 - ϕ7、139 - ϕ7、163 - ϕ7、187 - ϕ7、211 - ϕ7、233 - ϕ7，配套索具相应为 LZM7 - 109L、LZM7 - 127L、LZM7 - 139L、LZM7 - 163L、LZM7 - 187L、LZM7 - 211L、LZM7 - 233L。拉索长度从 35.108 m 至 131.937 m 不等，斜拉索倾角则从 29°至 78°不等。

7.3　有限元模型

平面或空间杆系有限元模型由于在理论上的假定以及几何模型上的简化使得所建有限元模型的精确性难以保证。如果要得到准确的有限元模型，利用实体单元建立真实尺寸的结构模型是最好的做法，但对文晖大桥而言，桥面板厚度仅为 0.28 m，而本身结构尺寸巨大，跨度为 450.0 m，利用块体单元细分必将导致庞大的计算量。为此，文献[155, 156]分别采用梁-壳组合模型和基于退化板壳元的组合单元对该桥动力特性进行了分析，其分析结果与试验值吻合较好。

本文主要分析文晖斜拉桥的动力特性，因此以其成桥状态作为建模对象，整体坐标系原点位于主跨跨中截面主梁对称中心线标高 0.0 m 处，以桥梁纵向为 x 向，横桥向为 y 向，竖直向上方向为 z 向。整体坐标系确定后，全桥的任意点坐标可计算得到。

为减少总体计算工作量，要求单元剖分数量尽可能小，在横截面方向将主梁划分为 8 个部分，如图 7-4 所示。其中，每边翼板作为 1 部分；为考虑斜拉索的布置，每根边主梁划分为 2 个部分；两边主梁间的桥面板划分 2 个部分。沿桥梁高度方向，整个横截面仅划分 1 份。其中，①—③、⑥—⑧单元仅含一个积分子域，其余子域不参与数值积分；为描述横梁及翼板等的几何构造，④和⑤单元分别含 1～6 个积分子域。在桥梁纵向，在两斜拉索之间或斜拉索与支座之间部分划分 1 个单元，单元沿纵向的长度大部分为 6.0 m，在两端部为 3.0 m，塔下横梁处为 5.8 m。如图 7-5 所示为主梁节段构造及对应的网格剖分示意。整个主梁共离散为 900 个单元和 2 060 个节点。

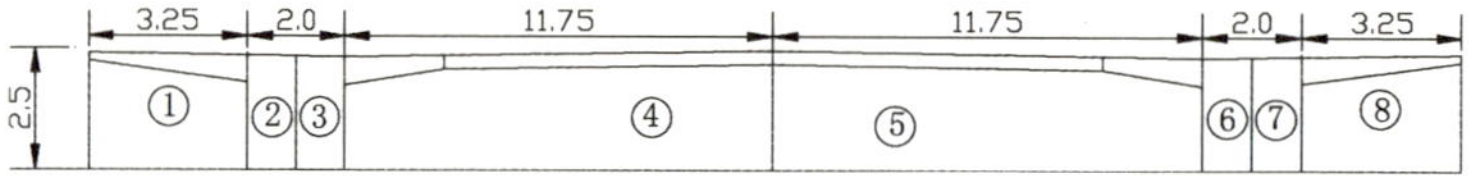

图 7-4　主梁横截面网格剖分(单位：m)

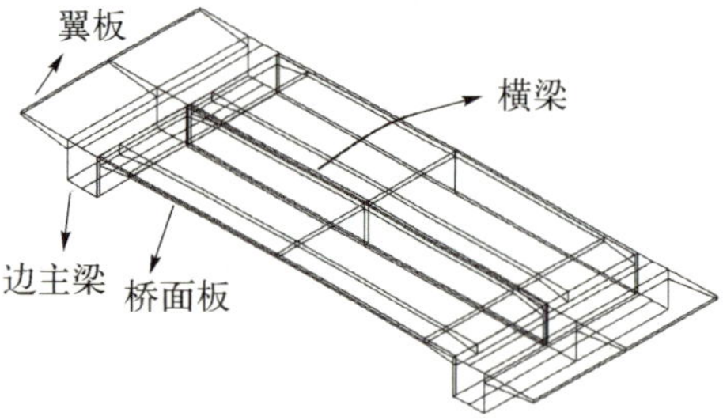

(a) 网格消隐图

(b) 节段图形渲染

图 7-5　主梁节段建模效果

塔柱的分析也采用组合单元，为便于布置斜拉索节点，在每根塔柱的横截面方向划分两个组合单元。对中空截面的塔柱节段，每个组合单元划分 3 个子域；实心截面的塔柱节段，单元仅含 1 个子域。在桥梁的高度方向按照索距划分单元。整个桥塔共划分 296 个组合单元和 900 个节点，如图 7－6 所示。

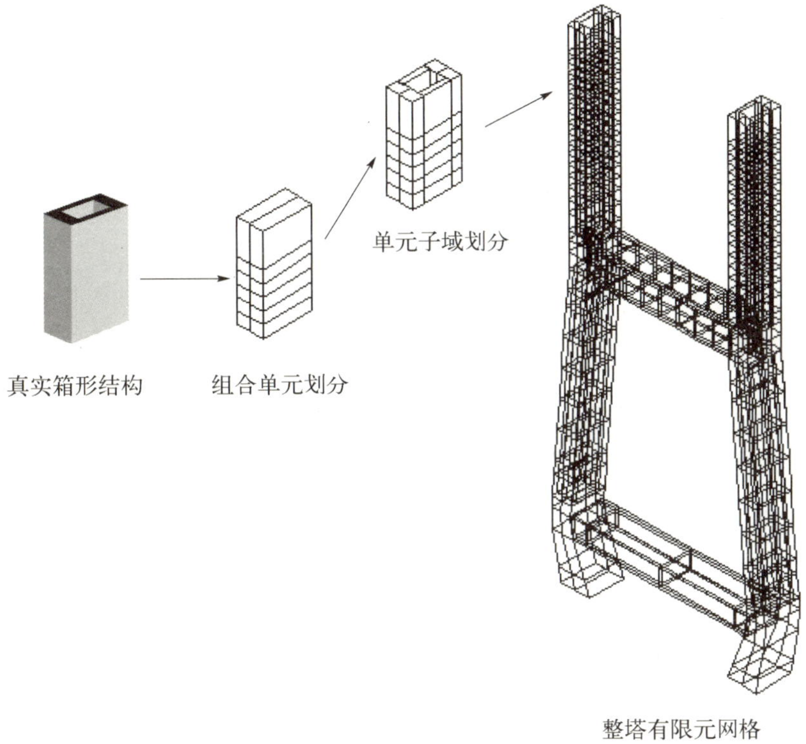

图 7－6　桥塔有限元网格

斜拉索采用 2 节点杆单元模拟，每根索划分一个单元，共 152 个单元。因混凝土斜拉桥的拉索在其自重作用下产生垂度，垂度大小受索力影响，属非线性构件。斜拉索的自重垂度使其弹性模量下降或损失，引起拉索刚度降低。上述拉索的非线性影响可通过修正弹性模量考虑，使得问题线性化。本文在采用 2 节点杆单元模拟斜拉索时，采用 Ernst 公式考虑斜拉索的垂度效应。由于斜拉索的垂度大小同拉索的拉力有关，为准确反映索力数值对动力性能的影响，采用文献[158]中所提供的实测索力计算拉索的修正弹性模量。

在分析文晖大桥时，混凝土容重取为 26 kN/m^3，采用集中质量的方法模拟行车道护栏、人行道踢脚以及栏杆的质量分布。不考虑桥面铺装等对结构刚度的贡献，仅考虑他们的附加质量，可较真实地描述桥梁的质量分布。其中，附加质量的计算根据文献[156]给出的桥梁一期和二期恒载得到，不再赘述。

按照上述单元划分方法，全桥共划分了 2 960 个节点和 1 348 个单元，有限元模型见图 7-7。为便于比较，列出了文献[155]的空间梁-壳组合模型和文献[156]的组合单元模型，不同计算模型中各主要构件的单元数、节点数和自由度数见表 7-1。需要指出，本文主梁和主塔的网格划分除了为考虑斜拉索的节点布置而将边主梁和主塔横截面划分为两个单元外，与文献[156]的网格划分方案基本相同。

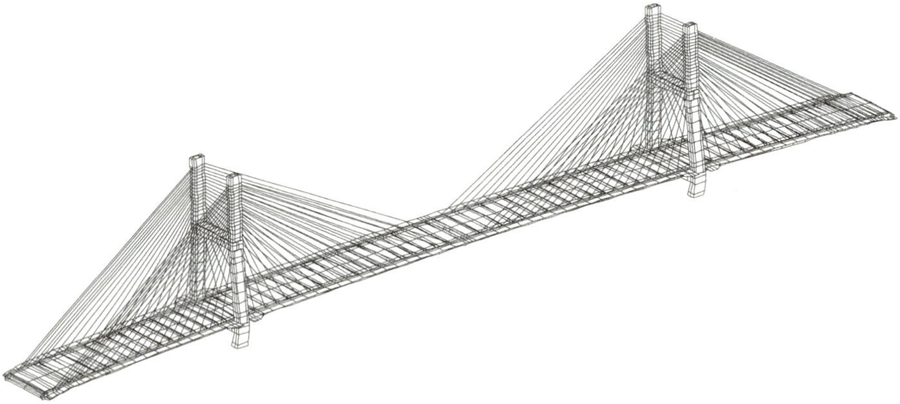

图 7-7　整桥有限元模型

表 7-1　文晖大桥有限元模型

构件名称	主　梁		主　塔		斜拉索	合　计		
	单元	节点	单元	节点	单元	单元	节点	自由度
梁-壳元[155]	—	—	—	—	—	16 116	16 681	100 086
组合元[156]	502	4 012	88	1 011	152	830	6 034	18 102
实体元模型	41 016	24 578	26 418	11 018	152	67 586	35 596	106 788
本　文	900	2 060	296	900	152	1 348	2 960	8 880

由表 7-1 不难看出，虽然本文有限元模型划分的单元数多于文献[156]的组合单元模型，但由于不存在边中节点，节点数和系统自由度数要比文献[156]少得多。同文献[155]梁-壳组合模型相比，文献[156]和本文单元均可精确描述桥梁细部几何构造，所需系统自由度比常规有限元法少很多，极大地提高了计算效率。

考虑到桥梁的理论分析模型和真实结构可能存在一定差异，这将导致桥梁的脉动试验结果与理论分析结果存在一定差异。为更好地考察本文单元的数值性能，表 7-1 中还给出了采用精细实体单元的有限元模型，为改善实体单元解答的精度，对多数区域均采用较规则的六面体单元，少数构造复杂区域采用四面体单元。

7.4　文晖大桥动力特性结果

不同有限元模型得到的斜拉桥前 7 阶频率结果见表 7-2，典型的桥梁振动模态如图 7-8 所示。

表 7-2　文晖大桥理论值与实测值比较

构件	振　型	实测值[155-156]	实体元	杆系[159]	梁-壳[155]	组合元[156]	本文
主梁	对称竖弯	0.426 9*†	0.415 4	0.408 2	0.421 7	0.429 8	0.411 9
	反对称竖弯	0.609 4*†	0.606 1	0.586 6	0.621 3	0.606 9	0.611 9
	对称扭转	0.690 0* / 0.749 2†	0.777 1	0.866 2	0.662 7	0.680 1	0.740 8
	对称竖弯	0.930 0*†	0.921 0	—	0.936 3	—	0.912 7
	反对称竖弯	0.996 9*†	1.026 4	—	1.035 6	—	1.028 2
主塔	反对称侧弯	—	1.001 0	—	0.976 2	0.903 3	0.966 8
	对称侧弯	0.924 4†	1.003 4	—	0.978 8	—	0.970 0

注：结果 * 取值文献[155]；
　　结果 † 取自文献[156]。

文献[155-156]和本文得到的文晖大桥自振频率结果与实测值以及实体模型计算值总体上吻合较好。需指出，文献[155-156]给出的扭频结果与实测值相比偏低，而本文的扭转频率则相对偏高，这是图 7-4 中将整块桥面板在横向仅划分了 2 个单元所致。需要指出，实体模型在其横向将桥面板划分了 6 个单元，但仍得到了比本文划分 2 个单元还要高的扭转刚度。由于试验中主塔的振型较难得到，文献[156]中仅给出了一阶以塔振动为主的实测频率。

由表 7-2 的结果可见，文晖大桥的竖弯和扭转频率出现较早。斜拉桥的前 5 阶振型中以桥面的竖向弯曲和扭转振动为主。由于该桥长达 450 m，纵向较柔，从而使该桥的竖弯振动出现较早。考虑到主梁为开口截面形式，扭转刚度远小于闭口箱形截面，且桥宽达 34 m，因此其扭转刚度并不大，扭转振动模态也出现较早。

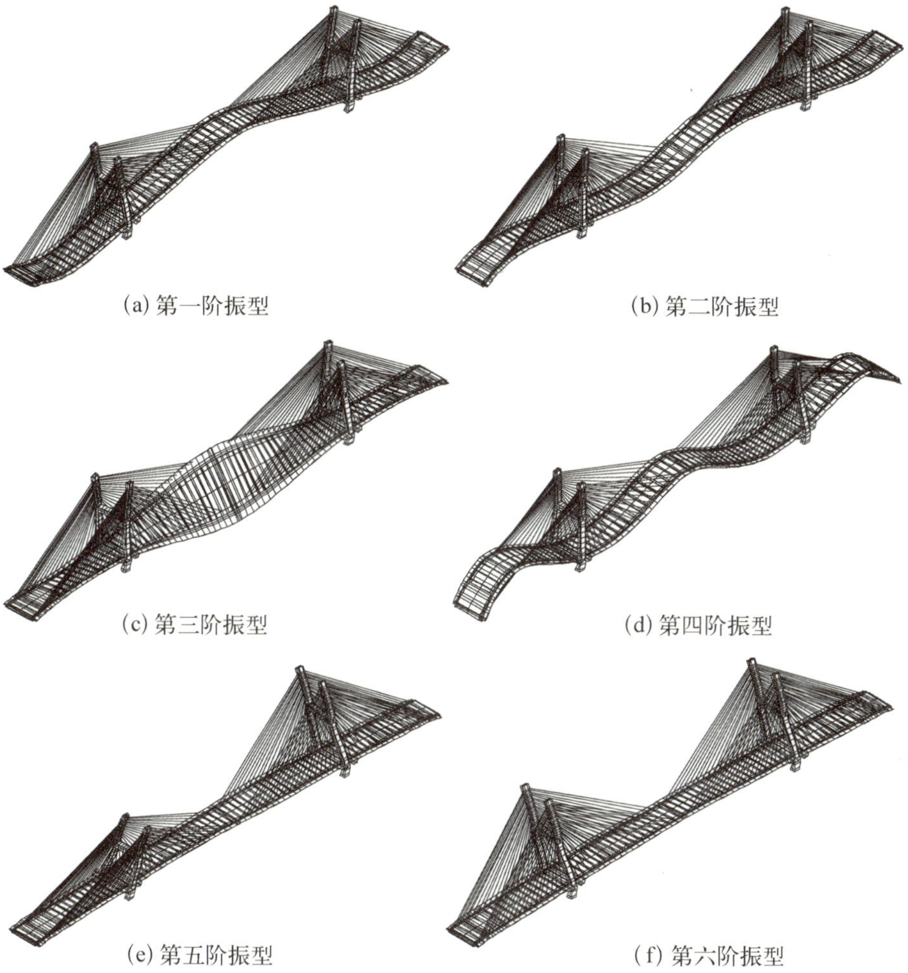

(a) 第一阶振型　(b) 第二阶振型

(c) 第三阶振型　(d) 第四阶振型

(e) 第五阶振型　(f) 第六阶振型

图 7-8　文晖大桥典型振动模态

7.5　本 章 小 结

(1) 本章应用前文构造的非协调组合单元对已建成的混凝土斜拉桥-文晖大桥的动力特性进行了分析，通过将斜拉桥的主梁和主塔分别采用组合单元进行模拟，使得系统节点数和自由度数大规模减少，降低了计算工作量。

(2) 由于组合单元允许空子域的存在，在网格划分时只需采用标准六面体进行覆盖，通过子域来描述横梁等细部构造，为有限元网格的剖分带来了方便。通过与文献[155－156]的实测频率和计算频率比较可见，组合单元可给出满意的数值解答。

第8章 结论与展望

8.1 结　　论

作为桥梁结构分析理论的重要组成部分，本文基于非协调元方法对桥梁分析的高效率数值模型建立做了研究，完成了分析单元的开发、程序编制工作。共取得以下几个方面的研究成果：

1. 八节点非协调实体退化板单元的构造

通过引入非协调位移模式和板壳理论基本假定，构造了采用实体几何描述的厚薄通用板元。通过将普通钢筋等效为钢筋层，并按照正交异性板考虑钢筋混凝土桥梁中普通钢筋的加强作用。

2. 八节点非协调实体板单元的构造

在非协调实体退化板元基础上，通过对板元厚度方向的位移进行二次插值，克服单元厚度锁闭，构造了可反映结构三维应力状态的板单元。

通过引入单元几何系数，推导显式表达的高阶非协调位移模式修正项，提高了单元刚度矩阵计算效率。

3. 同时描述面内和面外弯曲变形的非协调壳单元构造

在前文构造的板元基础上，为单元面内位移分量附加非协调位移，构造可同时描述面内和面外弯曲变形的非协调壳元。该单元使箱梁桥结构分析对不同荷载条件可采用统一的有限元网格。

4. 基于非协调壳元的组合单元构造

为提高桥梁结构分析的计算效率，通过二次等参映射，为组合单元各子域分别附加前文板壳元的非协调位移模式，并通过在单元子域内进行修正，确保单元通过分片检验。组合单元的构造使桥梁结构分析中有限元网格的划分变得十分简单，且无需对横隔板以及加筋肋等构造设置单独的网格，仅通过子域描述即可考虑该类构件的力学性能。

5. 基于黏弹性理论考虑混凝土桥梁徐变效应

为拓展组合单元的适用范围，基于三维黏弹性理论考虑混凝土桥梁的徐变效应。基于黏弹性理论的广义 Maxwell 模型可以比标准三参数线性固体模型更好地描述混凝土的徐变性质。此外，简要讨论了我国04 规范给出的徐变计算方法在本文数值模型中的实现。

6. 文晖大桥动力特性分析

为考查组合单元在实际桥梁工程中的适用性，分析了跨径 450 m 的文晖斜拉桥的动力特性，并与脉动实验的实测结果进行比较。

本文研究始终围绕提高数值解答的计算精度和缩减计算工作量两个方面展开。数值试验表明，本文方法具有较高的实用价值和广阔的应用前景。

8.2 进一步研究的方向

尽管本文已取得了一些研究成果，但限于作者水平，仍有大量亟待解决的相关课题需要做进一步研究，主要体现在以下几个方面：

(1) 大跨度桥梁需要考虑几何非线性效应，在本文基础上实现组合单元的几何非线性功能至关重要。

(2) 组合单元的网格划分虽然十分简单,但单元内构件的描述需要采用等参逆变换实现,不便于组合单元应用范围的拓广。为此,开发适合组合单元网格划分的专用前后处理程序仍需做进一步研究工作。

(3) 非协调组合单元可精确描述桥梁结构的质量分布和刚度特性,宜以本文工作为基础,开展桥梁结构的动力损伤识别研究。

(4) 桥梁结构分析理论已得到越来越多设计者的重视,开发高效、简易的数值分析方法至关重要。本文所做的只是该领域的前期和基础性工作,对桥梁结构分析领域内高效数值方法的开发和应用研究仍应是桥梁结构分析理论的重要研究课题。

参考文献

[1] 戴公连,李德建. 桥梁结构空间分析设计方法与应用[M]. 北京：人民交通出版社,2001.

[2] Hauptmann R, Schweizerhof K. A systematic development of solid-shell element formulations for linear and non-linear analysis employing only displacement degrees of freedom[J]. International Journal of Numerical Methods in Engineering, 1998, 42: 49 - 69.

[3] Wang T L, Huang D Z, Shahawy M. Dynamic response of multigirder bridges[J]. Journal of Structural Engineering, 1993, 118: 2222 - 2238.

[4] Hamed E, Frostig Y. Free vibrations of multi-girder and multi-cell box bridges with transverse deformations effects[J]. Journal of Sound and Vibration, 2005, 279: 699 - 722.

[5] 蔡金标. 大跨度悬索桥空间分析的组合单元法[D]. 杭州：浙江大学博士学位论文,2002.

[6] 吴再新. 大跨度组合体系箱梁的计算理论及其应用研究[D]. 长沙：中南大学博士学位论文,2007.

[7] 魏乐永,沈旭东,肖汝诚,等. 预应力混凝土连续箱梁底板崩裂破坏的机理及其对策[J]. 结构工程师,2007, 23: 53 - 57.

[8] 张志田,葛耀君. 基于正交异性壳单元的悬索桥非线性静风稳定性分析[J].

中国公路学报,2004, 17: 64 - 69.

[9] Clough R W. The finite element method in plane stress analysis[J]. Proceedings of 2nd ASCE Conference on Electronic Computation, Pittsburgh, Pa., 1960.

[10] Besseling J F. The complete analogy between the martin equations and the continuous fluid equations of structural analysis. International Symposium on Analogue and Digital Techniques Applied to Aeronautics[J]. Liege, Belgium, 1963.

[11] 冯康. 基于变分原理的差分格式[J]. 应用数学与计算数学,1965, 2: 238 - 262.

[12] Pian T H H. Variational formulation of numerical methods in solid continua [J]. Computer-Aided Engineering, G. M. L. Gladwell, ed, University of Waterloo Press, Waterloo, Canada, 1971.

[13] Oden J T. Finite elements of non-linear Continua[M]. New York: McGraw-Hill, 1972.

[14] Cook R D. Concepts and application of finite element analysis[J]. Wiley, 1974.

[15] Bathe K J, Wilson E L. Numerical methods in finite element analysis[J]. Practice-Hall, 1976.

[16] Huebuer K H. The finite element methods for Engineering[J]. Wiley, 1975.

[17] Zenkiewicz O C. The finite element method (third edition)[M]. McGraw-Hill, New York: 1977.

[18] 王勖成,邵敏. 有限单元法基本原理和数值方法[M]. 北京: 清华大学出版社,1997.

[19] 龙驭球,龙志飞,岑松. 新型有限元论[M]. 北京: 清华大学出版社,2004.

[20] Ahmad S, Irons B M, Zienkiewicz O C. Analysis of thick and thin shell structures by curved finite elements[J]. International Journal for Numerical

Methods in Engineering，1970，2：419－451.

[21] Chen W J，Cheung Y K. Refined quadrilateral element based on Mindlin/Reissner plate theory[J]. International Journal for Numerical Methods in Engineering，2000，47：605－627.

[22] Pian T H H，Sumihara K. Hybrid semiloof elements for plates and shells based upon a modified Hu-Washizu principle[J]. Computers & Structures，1984，19：165－173.

[23] Klinkel S，Wagner W. A geometrical non-linear brick element based on the EAS-method [J]. International Journal for Numerical Methods in Engineering，1997，40：4529－4545.

[24] Simo J C，Rifai M S. A class of mixed assumed strain methods and the method of incompatible modes[J]. International Journal for Numerical Methods in Engineering，1990，29：1595－1638.

[25] Büchter N，Ramm E，Roehl D. Three-dimensional extension of nonlinear shell formulations based on the enhanced assumed strain concept[J]. International Journal for Numerical Methods in Engineering，1994，37：2551－2568.

[26] Bischoff M，Romero I. A generalization of the method of incompatible modes [J]. International Journal for Numerical Methods in Engineering，2007，69：1851－1868.

[27] Sze K Y，Yao L Q. A hybrid-stress ANS solid-shell element and its generalization to smart structure modeling，part Ⅰ：Solid-shell element formulation，part Ⅱ：Smart structure modeling[J]. International Journal for Numerical Methods in Engineering，2000，48：545－582.

[28] Simo J C，Hughes T J R. On the variational foundations of assumed strain methods[J]. Journal of Applied Mechanics，1986，53：51－54.

[29] 徐兴，凌道盛. 实体退化单元系列[J]. 固体力学学报，2001，22：1－12.

[30] 凌道盛. 三棱柱实体板单元[J]. 浙江大学学报（工学版），2003，37：

608 - 611.

[31] Wilson E L, Taylor R L, Doherty W P, et al. Incompatible displacement models[M]. Numerical and Computer Methods in Structural Mechanics, Fenven ST et al. (eds). New York: Academic Press, 1973.

[32] Bazeley G P, Cheung Y K, Irons B M, et al. Triangular elements in bending-conforming and non-conforming solutions[M]. Proceeding of the Conference on Matrix Methods in Structural Mechanics. Dayton Ohio: Wright Patterson Air Force Base, 1965.

[33] Taylor R L, Simo J C, Zienkiewicz O C, et al. The patch test — A condition for assessing FEM convergence[J]. International Journal for Numerical Methods in Engineering, 1986, 22: 39 - 62.

[34] Klinkel S, Gruttmann F, Wagner W. A continuum based three-dimensional shell element for laminated structure[J]. Computers & Structures, 1999, 71: 43 - 62.

[35] Miehe C. A theoretical and computational model for isotropic elast-plastic stress analysis in shells at large strains[J]. Computer Methods in Applied Mechanics and Engineering, 1998, 155: 193 - 233.

[36] Taylor R L, Bersesford P J, Wilson E L. A non-conforming element for stress analysis [J]. International Journal for Numerical Methods in Engineering, 1976, 10: 1211 - 1219.

[37] Wilson E L, Ibrahimbegovic A. Use of incompatible displacement modes for the calculation of element stiffnesses or stresses[J]. Finite Elements in Analysis and Design, 1990, 7: 229 - 241.

[38] Choi C K, Lee T Y, Chung K Y. Direct modification for non-conforming elements with drilling DOF[J]. International Journal for Numerical Methods in Engineering, 2002, 55: 1463 - 1476.

[39] 陈万吉.有限元离散化变分原理及精化元法[J].大连理工大学学报,1999, 39: 150 - 156.

[40] Wu C C, Huang Y Q, Ramm E. A further study on incompatible models: revise-stiffness approach and completeness of trial functions[J]. Computer Methods in Applied Mechanics and Engineering,2001, 190: 5923-5934.

[41] Wu C C, Huang M G, Pian T H H. Consistency condition and convergence criteria of incompatible elements: general formulation of incompatible functions and its application[J]. Computers & Structures, 1987, 27: 639-644.

[42] 王荣辉,曾庆元. 薄壁箱梁空间计算的板梁单元法[J]. 铁道学报,1999, 21: 8-13.

[43] 谢旭,黄剑源. 曲线箱梁桥结构分析的一种有限元计算方法[J]. 土木工程学报,2005, 38: 75-80.

[44] 陈衡治,谢旭,陈海滨,等. 大截面混凝土箱梁结构的计算方法及其应用[J]. 土木工程学报,2006, 39: 26-31.

[45] 吴再新,贺国京,罗世东,等. 薄壁直线箱梁仿真分析的板段元方法[J]. 中国铁道科学,2007, 28: 23-27.

[46] 曹志远,刘永仁,周汉斌. 超级有限元法及其在结构工程中的应用[J]. 计算结构力学及其应用, 1994, 11: 454-460.

[47] 徐兴,吴强,凌道盛,等. 16—20 节点三维退化层合板壳单元[J]. 浙江大学学报(工学版),2000, 34: 21-24.

[48] 凌道盛,张金江,项贻强,等. 虚拟层合单元法及其在桥梁工程中的应用[J]. 土木工程学报,1998, 31: 22-29.

[49] 项贻强,徐兴,亓兴军,等. 层合单元理论在预应力混凝土斜弯桥空间分析的应用[J]. 公路交通技术,2002, 6: 42-46.

[50] 凌道盛,徐兴. 非线性有限元及程序[M]. 杭州:浙江大学出版社,2004.

[51] 蔡金标,凌道盛,徐兴. 大跨度悬索桥振动分析的组合单元法[J]. 中国公路学报,2003, 16: 59-62.

[52] 汪劲丰,施笃铮,项贻强,等. 杭州市文晖路立交桥主桥的空间分析[J]. 计算力学学报,2003, 6: 377-382.

[53] Law S S, Chan Y H T, Wu D. Super-element with semi-rigid joints in model updating[J]. Journal of Sound and Vibration, 2001, 239: 19 - 39.

[54] Creus G J. Viscoelasticity basic theory and applications to concrete structures[M]. Berlin: Springer-Verlag, 1986.

[55] Ichinose L H, Watanabe E, Nakai H. An experimental study on creep of concrete filled steel pipes[J]. Journal of Constructional Steel Research, 2001, 57: 453 - 466.

[56] Diab H, Wu Z. A linear viscoelasic model for interfacial long-term behavior of FRP-concrete interface[J]. Composites: Part B 2007, doi: 10. 1016/j. compositesb.

[57] Jo B W, Tae G H, Kim C H. Unaxial creep behavior and prediction of recycled-PET polymer concrete[J]. Construction and Building Materials 2007, 21: 1552 - 1559.

[58] Guedes R M, Tavares C M L, Ferreira A J M. Experimental and theoretical study of the creep behavior of CFRP-reinforced polymer concrete[J]. Composites Science and Technology, 2004, 64: 1251 - 1259.

[59] 叶贵如. 斜拉桥非线性有限元计算和施工过程分析[D]. 杭州：浙江大学博士学位论文,2000.

[60] Cheng X D, Cheng L S, Ye G R. Creep analysis of steel-concrete composite girder bridges by the method 3D - VLE[J]. Chinese Journal of Conputional Mechanics, 2006, 23: 470 - 475.

[61] Jurkiewiez B, Destrebecq J F, Vergne A. Incremental analysis of time-dependent effects in composite structures[J]. Computers and Structures, 1999, 73: 425 - 435.

[62] Kwak H G, Seo Y J. Long-term behavior of composite girder bridges[J]. Computers and Structures, 2000, 74: 583 - 599.

[63] 刘靖华,范益群,钟万勰. 黏弹性固体的精细积分有限元算法[J]. 计算力学学报,2004, 1: 110 - 115.

[64] 陈从春. 矮塔斜拉桥设计理论核心问题研究[D]. 上海：同济大学博士学位论文，2005.

[65] 汪劲丰，施笃铮，徐兴. 确定斜拉桥最优恒载索力方法的探索[J]. 浙江大学学报(工学版)，2002，36：152－155.

[66] Bischoff M，Ramm E，Braess D. A class of equivalent enhanced assumed strain and hybrid stress finite elements[J]. Computational Mechanics ，1999，22：443－449.

[67] ANSYS Inc. Theory Release9. 0. USA，2005.

[68] Kim K D，Liu G Z，Han S C. A resultant 8－node solid-shell element for geometrically nonlinear analysis[J]. Compution Mechanics，2005，35：315－331.

[69] 吴长春，卞学鐄. 非协调数值分析与杂交元方法[M]. 北京：科学出版社，1997.

[70] Xu X，Cai R F. A new plate shell element of 16 nodes 40 degrees of freedom by relative displacement method[J]. Communications in Numerical Methods in Engineering，1993，9：15－20.

[71] Batoz J L，Bathe K J，Ho L W. A study of three-node triangular plate bending elements[J]. International Journal for Numerical Methods in Engineering，1980，15：1771－1812.

[72] Strang G，Fix G J. An analysis of the finite element method[J]. Prentice-Hall，Englewood Cliffs，N. J. 1973.

[73] 龙驭球，陈晓明. 两个抗畸变的四边形膜元[J]. 清华大学学报(自然科学版)，2003，43：1380－1385.

[74] Sander G，Beckers P. The influence of the choice of connectors in finite element method[J]. International Journal for Numerical Methods in Engineering，1977，11：1491－1505.

[75] Shi Z C. On the convergence properties of the quadrilateral elements of Sander and Beckers[J]. Mathematics of Computation，1984，42：493－504.

[76] Vu-Quoc L, Tan X G. Optimal solid shells for non-linear analyses of multilayer composites[J]. Computer Methods in Applied Mechanics and Engineering, 2003, 192: 975 – 1016.

[77] Zienkiewicz O C, Taylor R L. Finite element patch test revisited. A computer test for convergence, validation and error estimates[J]. Computer Methods in Applied Mechanics and Engineering, 1997: 149: 223 – 254.

[78] MacNeal R H, Harder J N. A proposed standard set of problems to test finite element accuracy[J]. Finite Elements Analysis and Design. , 1985, 1: 3 – 20.

[79] Gebhardt H. Finite Element Konzepte für schalen mit endlichen Drehungen, Dissertation, Institut für Baustatik, Universität Karlsruhe, 1990.

[80] Kikuchi, Noboru. Finite element methods in mechanics[M]. Cambridge: Cambridge University Press, 1986.

[81] Srinivas S, Rao A K. Flexure of thick rectangular plates[J]. Journal of Applied Mechanics, 1973: 40: 298 – 299.

[82] Levinson M, Cooke D W. Thickrectangular plates I: The generalized Navier solution[J]. International Journal of Mechanical Sciences Science, 1983, 25: 199 – 205.

[83] Zhang Y X, Kim K S. Two simple and efficient displacement-based quadrilateral elements for the analysis of composite laminated plates[J]. International Journal for Numerical Methods in Engineering, 2004, 61: 1771 – 1796.

[84] Irons B M, Razzaque A. Experience with the patch test for convergence of finite element method, in Mathematical Foundations of the Finite Element Method[M]. Academic Press: 1972.

[85] 李伟,张谢东,陈东耀,等. 预应力曲线箱梁桥腹板侧向崩裂研究[J]. 交通科技,2007, 1: 6 – 9.

[86] 周锐,周志祥,邵小康,等. 预应力混凝土薄壁箱梁破坏形态研究[J]. 重庆交

通学院学报,2005, 24: 1-9.

[87] Dvorkin E N, Bathe K J. A continuum mechanics based four-node shell element for general nonlinear analysis[J]. Engineering Computations 1984, 1: 77-88.

[88] Hinton E, Huang H C. A family of quadrilateral Mindlin plate elements with substitute shear strain fields[J]. Computers & Structures, 1986, 23: 409-431.

[89] Buchter N, Ramm E. 3d-extension of nonlinear shell equations based on the enhanced, assumed strain concept[J]. International Journal for Numerical Methods in Engineering, 1994, 37: 2551-2568.

[90] Seifert B. Zur Theorie und Numerik finiter elastoplastischer Deformationen von Schalenstrukturen. Dissertation, Report No. F 96/2, Institut für Baumechanik und Numerische Mechanik, Universität Hannover, 1996.

[91] Parisch H. A continum based shell theory for nonlinear applications[J]. International Journal for Numerical Methods in. Engineering, 1995, 38: 1855-1883.

[92] 丁浩江,何福保,谢贻权,等.弹性和塑性力学中的有限单元法[M].北京:机械工业出版社,1989.

[93] Piltner R, Joseph D S. A mixed finite element method for plate bending with eight enhanced strain modes[J]. Communications in Numerical Methods in Engineering, 2001, 17: 443-454.

[94] Reissner E. Analysis of shear lag in box beam by principle of minimum potential energy[J]. Quarterly of Applied Mathematics, 1946, 4: 268-278.

[95] Tesar A. Shear lag in the behavior of thin-walled box bridges[J]. Computers & Structures, 1996, 59: 607-612.

[96] Kristek V, Studnicka J. Negative shear lag in flanges of plated structures [J]. Journal of Engineering Structures, 1991, 117: 3553-3569.

[97] Evans H R, Ahmad M K H, Kristek V. Shear lag in composite box girders

of complex cross section[J]. Journal of Construct. Steel Research, 1993, 24: 183 - 204.

[98] Luo Q Z, Wu Y M, Tang J, et al. Experimental studies on shear lag of box girders[J]. Engineering Structure,2002, 24: 469 - 477.

[99] Luo Q Z, Li Q S, Tang J. Shear lag in box girder bridges[J]. Journal of Bridge Engineering, 2002, 7: 308 - 313.

[100] Luo Q Z, Li Q S, Tang J. Negative shear lag effect in box girderswith varying depth [J]. Journal of Structure Engineering, 2001, 127: 1236 - 1239.

[101] Luo Q Z, Tang J, Li Q S. Finite segment method for shear lag analysis of cable-stayed Bridges[J]. Journal of Structural Engineering, 2002, 128: 1617 - 1622.

[102] Luo Q Z, Wu Y M, Li Q S, et al. A finite segment model for shear lag analysis[J]. Engineering Structures, 2004, 2: 2113 - 2124.

[103] 罗旗帜,刘光栋,杜嘉斌. 薄壁曲线箱梁剪力滞效应的梁段有限元法[J]. 湖南大学学报(自然科学版),2006, 33: 21 - 25.

[104] 倪元增,钱寅泉. 分析大曲率薄壁弯梁桥的板元模式段元法[C]//1998 全国市政工程交流会论文集,1998.

[105] Bathe K J, Dvorkin E. A formulation of the general shell elements — the use of mixed interpolation of tensorial components[J]. International Journal for Numerical Methods in Engineering, 1986, 22: 697 - 722.

[106] Chatterjee P K, Datta T K, Surana C S. Vibration of continuous bridges under moving vehicles[J]. Journal of Sound and Vibration, 1994, 169: 619 - 632.

[107] Huang D Z, Wang T L, Shanhawy M. Vibration of thin-walled box-girder bridges excited by vehices[J]. Journal of Structure Engineering, 1995, 121: 1330 - 1337.

[108] Hinton E, Ozakca M, Rao N V R. Free vibration analysis and shape

optimization of variable thickness plates, prismatic folded plates and curved shelles[J]. Journal of Sound and Vibration, 1995, 181: 553 - 566.

[109] Taysi N, Ozakca M. Free vibration analysis and shape optimization of box-girder bridges in straight and curved planform[J]. Engineering Structures, 2002, 24: 625 - 637.

[110] 高淑英,陈恩力. 折板理论在箱梁动力分析中的应用[J]. 西南交通大学学报,1994, 29: 1 - 6.

[111] Sennah K M, Kennedy J B. Dynamic characteristics of simply pupported curved composite multi-cell bridges[J]. Canadian Journal of Civil Engineering, 1997, 24: 621 - 636.

[112] Cheung M S, Megnounit A. Parametric study of design variations on the vibration modes of box girder bridges[J]. Canadian Journal of Civil Engineering, 1991, 18: 789 - 798.

[113] 吴幼明,罗旗帜,岳珠峰. 变高度连续箱梁剪力滞效应试验研究[J]. 实验力学,2004, 19: 85 - 89.

[114] 王小岗,黄义. 箱梁剪力滞计算的三维退化板梁单元法[J]. 应用力学学报,2001, 18: 120 - 123.

[115] Fafitis A, Rong A Y. Analysis of thin-walled box girders by parallel processing[J]. Thin-Walled Structures, 1995, 21: 233 - 240.

[116] Lautersztajn-S N, Samuelsson A. Distortion measures and inverse mapping for isoparametric 8-node plane finite elements with curved boundaries[J]. Communications in Numerical Methods in Engineering,1998, 14: 87 - 101.

[117] Murti V, Valliappan S. Numerical inverse isoparametric mapping in 3D FEM[J]. Computers & Structures, 1988, 29: 611 - 622.

[118] Shi G H. Block system modeling by discontinuous deformation analysis [M]. Computational Mechanics Publications, 1993.

[119] AASHTO. Standard specifications for highway bridges[M]. Washington DC, 1992.

[120] 惠荣炎，黄国兴，易冰若. 混凝土的徐变[M]. 北京：中国铁道出版社，1988.

[121] 盛兴旺，杨建中. 预应力混凝土组合梁徐变应力重分布[J]. 桥梁建设，2003，4：11－14.

[122] 中铁工程设计咨询集团有限公司. 铁路桥涵钢筋混凝土和预应力混凝土结构设计规范[M]. 北京：中国铁道出版社，2005.

[123] 中交公路规划设计院. 公路钢筋混凝土和预应力混凝土桥涵设计规范[S]. 北京：人民交通出版社，2004.

[124] 中国建筑科学研究院. 混凝土结构设计规范[S]. 北京：中国建筑工业出版社，2002.

[125] 上海市建设委员会. 预应力混凝土结构设计规程[S]，1997.

[126] 慕光波，王连广，王澈. 钢骨混凝土梁徐变效应分析[J]. 东北大学学报（自然科学版），2007，28：733－736.

[127] 向天宇，童育强，赵人达. 基于退化梁单元的混凝土结构徐变分析[J]. 工程力学，2006，23：140－143.

[128] Bažant Z P. Viscoelasticity of a solidifying porous material-concrete[J]. Journal of Engineering Mechanics，1977，103：1049－1067.

[129] Bažant Z P. Thermodynamics of solidifying or melting viscoelastic material [J]. Journal of Engineering Mechanics，1979，105：933－952.

[130] Bažant Z P. Solidification theory for concrete creep I：Formulation[J]. Journal of Engineering Mechanics，1988，115：1691－1703.

[131] Nevile A M. Properties of concrete[M]. Pitman，London，1981.

[132] 项海帆. 高等桥梁结构理论[M]. 北京：人民交通出版社，2001.

[133] Bažant Z P. Mathematical modeling of creep and shrinkage of concrete[J]. Chichester：John Wiley and Sons，1988.

[134] Bazant Z P. Prediction of concrete creep effects using age-adjusted effective modulus method[J]. ACI Journal，1972，69：212－217.

[135] Bazant Z P，Osman E. On the choice of creep function for standard recommendations on practical analysis of structures [J]. Cement and

Concrete Research，1975，5：631－641.

[136] 陈永春. 混凝土徐变问题的中值系数法[J]. 建筑科学，1991，2：3－8.

[137] 朱伯芳，王同生，丁宝瑛. 水工结构的温度应力与温度控制[M]. 北京：水利电力出版社，1976.

[138] 朱伯芳. 混凝土结构徐变应力分析的隐式方法[J]. 水利学报，1983，5：40－46.

[139] 段德明.《公路钢筋混凝土及预应力混凝土桥涵设计规范》徐变系数的计算和应用[J]. 中国公路学报，1998，11：70－76.

[140] Roylance D. Engineering viscoelasticity[J]. Massachusetts Institute of Technology Cambridge，2001.

[141] Zienkiewicz O C，Watson M，King I P. A numerical method of visco-elastic stress analysis[J]. International Journal of Mechanical Science，1968，10：807－827.

[142] Taylor R L，Pister K S，Goudreas G L. Thermochemical analysis of viscoelastic solids[J]. International Journal for Numerical Methods in Engineering，1970，2：45－59.

[143] Herrmann L R，Peterson F E. A numerical procedure for viscoelastic stress analysis[C]//In：Proceedings of the Seventh Meeting of ICRPG Mechanical Behavior，1968.

[144] Simo J C. On fully three-dimensional finite strain viscoelastic damage model：Formulation and computational aspects[J]. Computer Methods in Applied Mechanics and Engineering，1987，60：153－173.

[145] Kabir A F. Nonlinear analysis of reinforced concrete panels，slabs and shells for time dependent effects[J]. Report No. UC－SEEM76－6. University of California，Berkeley，1976.

[146] 李国平，张哲元. 钢-混凝土组合桥混凝土徐变收缩分析[J]. 结构分析，1999，1：12－17.

[147] 李学文，姚康宁，颜东煌. 利用最小二乘法实现 2004 规范徐变系数的指数函

数拟合[J]. 长沙交通学院学报，2006，22：20－24.

[148] 周水兴，李峰辉，陈山林. 砼徐变系数拟合与共轭斜量法求解[J]. 重庆交通大学学报(自然科学版)，2007，26：37－39.

[149] Gilbert R I, Bradford M A. Time-dependent behavior of continuous composite beams at service Loads[J]. Journal of Structural Engineering, 1995, 121: 319－327.

[150] 顾安邦，刘忠. 万县长江大桥混凝土时效和几何、材料等非线性因素影响分析[J]. 重庆交通学院学报，1999，18：1－7.

[151] 张治成. 大跨度钢管混凝土拱桥的徐变分析[J]. 工程力学，2007，24：151－160.

[152] 程晓东，叶贵如，汪劲丰. 长期荷载作用下钢管混凝土徐变的理论研究[J]. 浙江大学学报(工学版)，2004，38：1000－1008.

[153] 荆龙江，项贻强，汪劲丰. 大跨度预应力混凝土斜拉桥的动力特性研究[J]. 中国市政工程，2007，125：17－19.

[154] 宋雨. 文晖大桥健康监测与评估管理系统主要问题研究[D]. 杭州：浙江大学博士学位论文，2003.

[155] 荆龙江. 预应力混凝土斜拉桥损伤识别理论及应用研究[D]. 杭州：浙江大学博士学位论文，2007.

[156] 项贻强，徐兴，汪劲丰. 退化单元理论在桥梁、悬浮隧道结构分析中的应用研究[R]. 杭州：杭州结构与地基处理研究会道桥专业委员会专题学术报告资料，2003.

[157] 王新国，裴若娟. 杭州市文晖大桥主塔设计[J]. 华中科技大学学报(城市科学版)，2003，20：34－37.

[158] 汪劲丰. 预应力混凝土斜拉桥施工控制的关键技术研究[D]. 杭州：浙江大学博士学位论文，2003.

[159] 王建江. 基于贝叶斯统计方法的桥梁损伤识别研究[D]. 杭州：浙江大学硕士学位论文，2005.

后记

本书在导师肖汝诚教授的精心指导下完成，从选题到最后定稿，无不凝聚着肖老师的心血。肖老师深厚的理论功底和丰富的工程经验给我留下了至深的印象。除了学业上的指导，肖老师还在日常生活中给予我无微不至的关怀和照顾，正是肖老师在生活上给予的关照使我能专心地完成本书的撰写。至本书完成之际，谨向肖老师表示我最诚挚的感谢！

特别感谢我的硕士导师凌道盛教授在研究过程中给予的无私帮助，书中许多关键问题均得到凌老师的悉心指导。凌老师开创性的工作为本书的研究提供了坚实的基础。

感谢研究室贾丽君老师、孙斌老师和程进老师三年来对我生活和学业等方面无微不至的关心照顾。在大跨度桥梁教研室学习的三年时间里，研究室为我提供了良好的条件，使我在学业上有了很大进步和提高，再次对研究室的所有老师致以真挚的感谢。

感谢研究室的师兄师姐师弟们曾给予我的帮助，他们是巩春领、易云琨、陈从春、孙海涛、乐云祥、苗家武、陶海、李晓莉、胡志坚、袁帅华、郭瑞、许瑞红、涂雪、张杰、曹一山、谭红梅、谭冬莲、尧云涛、程斌、吴斌暄、熊文、魏乐永、李莹、江海西、张扬永、李昊、吴万忠、许凯明、周云岗、刘晓銮、沈旭东、滕小竹、胡玉珠、梁铁成、吴超、朱凌志、周文俊、曹赟干、林刘赞、邢小辉、粟洪、夏睿杰、姜洋、李洋、金剑、叶春、陈军和刘丰洲等。

衷心感谢浙江大学项贻强教授、汪劲丰副教授、宋雨博士在文晖大桥分析时慷慨提供的研究资料。

感谢山东大学李术才教授在经济和生活上给予我的无私帮助。

在此，感谢我的父母对我的养育之恩，祝愿他们身体健康；感谢女友王燕对我生活、学业上的体贴、关照和支持。

许德胜